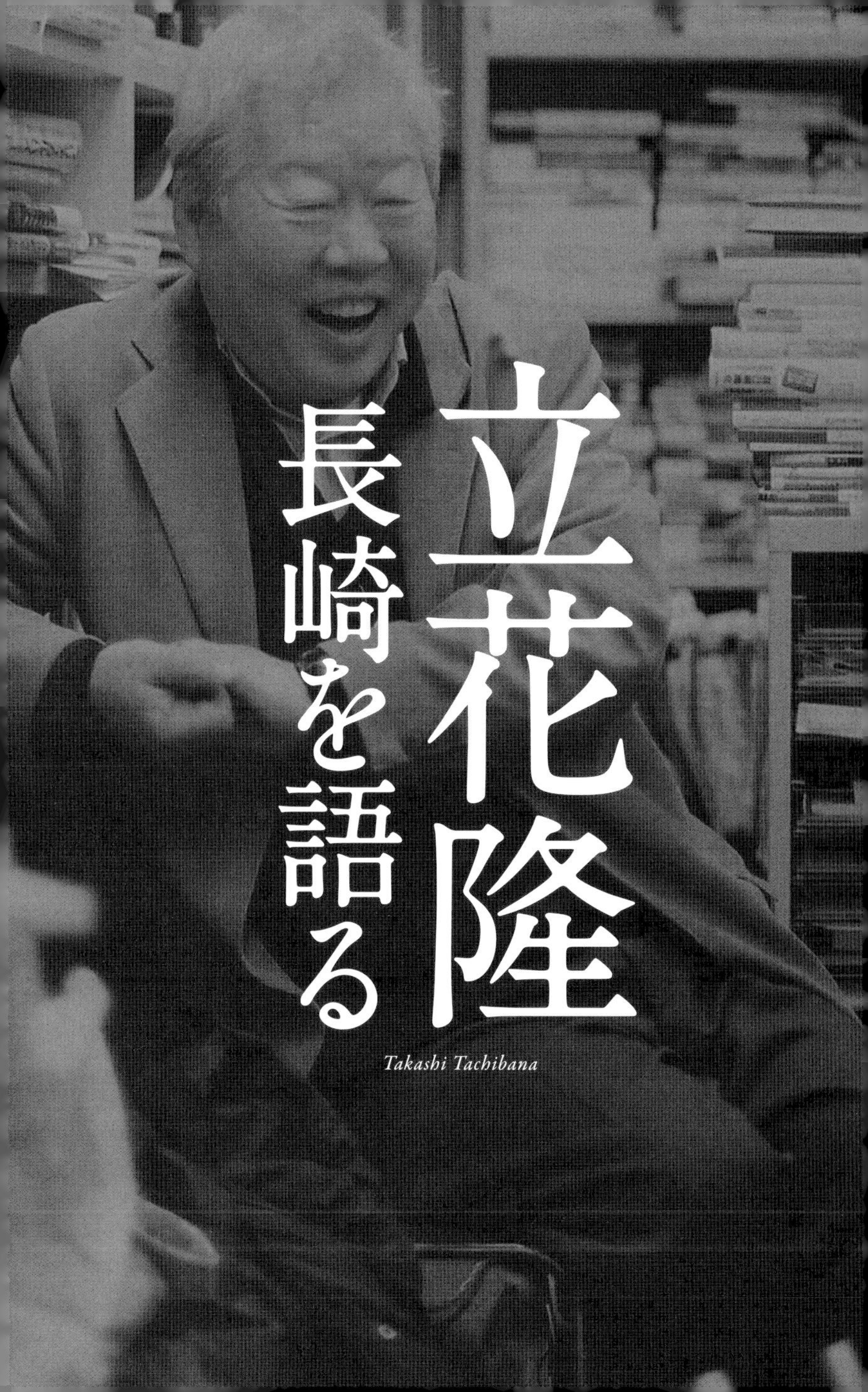

立花隆 長崎を語る

Takashi Tachibana

発刊に寄せて

立花隆さんと長崎

長崎市長　田上富久

私はピーター・ドラッカーのファンだ。もちろん会ったことはなく単なる一読者としてのレベルだが、亡くなって十五年ほどがたつ今でも、「もし生きていたら今の状況をどう考えるだろう」と思うことがある。

ドラッカーを好きな第一の理由は、彼が徹底した「観察者」であることだ。先入観を交えず、哲学的考察を加えるのでもなく、幅広く徹底的に事実を観察することによって真理に近づいていく。そこから導き出される結論はシンプルで奥深い。だからこそ応用が利く。彼を「未来学者」と呼ぼうとする人々に対し、彼自身が自らを「社会生態学者」と定義したのは、そのことを端的に示すエピソードでもある。

私にとって、まったく同じ理由で、同時代を生きられることに感謝したくなる存在が立花隆さんだ。

ドラッカーが経済分野を中心とする社会生態学者だとすれば、立花さんは好奇心の赴くままに社会のあらゆる現象に目を向ける社会生態学者であり、二人ともそれぞれの得意とする手法によって直接社会に働きかける実践家でもあった。

そんな尊敬する人物とわずかながら接点をいただけたのは、私自身の人生にとって、かけがえのない宝だ。その出会いの中で私が勝手に感じたことを、ここではお話ししたい。

立花さんが長崎市出身であることを知ったのは、いつ頃だっただろうか。

「え！　あの立花隆さんが？」と喜び、勝手に誇らしく思ったのを覚えている。

その立花さんの講演を初めて聴いたのは二〇一〇年三月。「がんとともに生きる」という講演会で、すでに市長だった私に、医師会のどなたかが声をかけてくださったご縁だったと思う。

講演は、ご自分が膀胱がんと診断されたことを機に、「がんがどのような病気なのか」「がんとどう向き合うべきなのか」をさまざまな調査のもとに考察し、〝立花隆の結論〟に導いていく内容で、とても衝撃的なものであった。冷静に事実を積み重ねていくストーリーは、圧倒的に迫力があり、示唆に富んでいて、私自身のがんを観る目を変えてくれた。

自分自身にふりかかった災難ともいえるがん宣告を、冷静に受け止めてさまざまな角度から調査を進めていく姿勢は、事実を積み重ねて真実に至る手法そのものであった。

この時の講演のように、がん宣告によって当事者にならざるを得ないテーマだけではなく、世界のすべてに対し、ある意味の当事者感覚を持っているのが立花隆さんなのだなと、講演を聴きながら思ったことを覚えている。

世間的には、ジャーナリストのほかに評論家という肩書で立花さんを呼ぶことがある。でもそうではなく、立花さんはすべてのテーマに対して当事者として関わっておられたのではないかと感じた。だからこそあれだけ広い分野に好奇心を持てるのではないか、と。

講演から四カ月後の二〇一〇年七月に、今度は「戦争の記憶の継承」という別のテーマで、食事しながらお話をする機会をいただくことになった。

その頃、立花さんが戦争の記憶の継承に深い関心を向けられていることはすでに知っていた。戦争体験者がいなくなる時代を迎えて、体験を語れる人が急激に減少している事実は、決して広島、長崎の問題ではなく、第二次大戦の記憶の喪失という意味では世界全体の問題である。この問題にも立花さんは当事者として関わっていこうとされていた。しかし、お話を聴きながら、時代を生きる当事者という意識だけでなく、実は長崎市出身者という深い当事者意識を持っておられることを知った。

この時の立花さんのお話は、戦争体験を伝えるデジタルミュージアムをつくる構想のほかに、活水に勤められていたお父様のこと、長崎原爆の体験談収集のこと、アウシュビッツのこと、軍艦島やがん治療のお話など多岐にわたった。私にとっては、世界を観る視点だけでなく、長崎に寄せる思いの深さが心に沁みる時間だった。運命が少し違えば長崎で被爆していたかもしれない自分と、現実に被爆された多くの人々が、立花さんの中でつながっていたのだと思う。


私が立花さんとお会いして強く感じたことがもうひとつある。それは、「社会は変えられる」というゆるぎない確信を持っておられたということだ。それは明るくまっすぐで、混ざり気がない。だから年齢とともに弱くなることもない。

若かりし頃の原水爆禁止運動の経験をはじめ、社会を変えていくことがいかに困難で大きなエネルギーを必要とするかを誰よりも知り尽くしている立花さんの中に、決して燃え尽きることのない信念の火がしっかりと燃え続けていることに感動したことを覚えている。

このとき立花さんは、若い学生たちを伴われていた。『二十歳の君へ』という著書にも見られるように、立花さんは若い人たちにバトンを渡すことが上手だった。

「核兵器のない世界」の実現という目標を持つ長崎にとって、立花さんの「社会は変えられる」という信念と若い世代にバトンを渡す思いは、とても大切なもので、今年発効した核兵器禁止条約もその中から生まれたと言ってよい。平和へのゆるぎない思いを長崎は立花さんと共有している。

立花さんはもういない。でも間違いなく、目に見えない思いを通じて、長崎と立花さんはつながり続けている。

これから時折心の中で繰りかえすことになるだろう。

「立花さんなら、今の状況をどう考えるだろう」と。

目次

装丁デザイン：ミウラデザイン事ム所

編集協力への感謝

◇資料提供 菊入直代（立花隆事務所 Chez TACHIBANA https://tachibana.rip/）

◇編集スタッフ 阿部成人 宮下陽子

◇取材協力 田中俊廣 活水学院総合企画室 聖フランシスコ病院 岩瀬一郎 下妻みどり 布袋厚

特別寄稿

立花隆さんのこと

前長崎大学長　片峰　茂

はじめに

稀代のジャーナリストであり思想家でもあった立花隆さんが亡くなった。私も、立花さんには随分お世話になった。とはいっても直接の親交に与ったわけではない。さまざまな媒体を通じて発せられた彼の思考やメッセージに、人生の節目節目で触発され背中を押してもらっただけの一方通行の関係である。

多くの同時代の日本人が、彼の膨大かつ精緻な調査分析に基づいた縦横無尽の論考に魅了され、未知の世界に誘われた体験を有するはずである。私もそのひとりであるが、彼我の興味の対象や問題意識がシンクロナイズする場面が結構多かったことは、私にとってはラッキーであった。

「田中角栄研究」

最初の出会いは、やはり一九七四年文藝春秋誌に掲載された「田中角栄研究～その金脈と人脈」である。このたった一編の論稿が、時の最高権力者を表舞台から葬るという結末をもたらした。当時〝反権力〟を金科玉条とする大学生であった私は喝采を叫んだ。無論、立花さんご自身はそんな結末を意図して執筆したわけではなかろうが、社会は動いた。今日では考え難い事態である。当時の日本社会にはまだ大きな変化・変容を受容するだけの自由度や可塑性が存在したということであろう。そんな時代環境の中で立花さんは世に出た。

一九七五年に出版された『中核VS革マル』（講談社）にも思い出がある。高邁な理想を掲げて結成された新左翼系党派が〝内ゲバ〟という凄惨な党派間抗争の陥穽に陥っていく過程を精緻に検証した著作であるが、私にとっては、左翼思想にかぶれかけていた七年間の身勝手で屈折した大学生生活にけじめをつける縁《よすが》となってくれた重要な一冊である。

『精神と物質』

私は医師免許を取得したが、三十歳を過ぎた頃に臨床医を諦め基礎医学研究者として生きることを決断した。背中を押したのが、一九八〇年前後に利根川進博士の研究室から相次いで発出された一連の研究論文の衝撃であった。免疫をつかさどるタンパク質である抗体の遺伝子構造が、受精後の個体発生の過程で変異や組み換えを繰り返すことで多様性を獲得することを証明した研究である。父母から受け継いだ一対の遺伝子の構造は生涯不変で一種類のタンパク質のみをコードするというそれまでの遺伝子学の常識（ドグマ）を根底から覆した大発見であった。この業績に対して後年（一九八七年）ノーベル医学生理学賞が授与された。

その利根川博士と立花さんの対談が一九八八年以降断続的に文藝春秋誌に連載された（一九九〇年『精神と物質』として単行本化）。研究内容に止まらず生きざまや人間性に至るまで博士の全貌を余すところなく炙り出した立花さんの対談力に改めて感嘆したが、圧巻は最終章での「精神と物質」に関する二人の対立的議論である。すでに主戦場を免疫学から脳科学に移していた博士が〝精神現象だって分子レベルの物質の動きで説明できるはず〟と主張したのに対して、立花さんは〝精神現象を全て物質現象に還元してしまえば精神世界の豊かさを殺してしまう〟と、かなり執拗に反論している。

脳科学という新しいトレンドが、学界に出現し〝脳の時代〟と称され始めた頃であったが、私自身は生命科学者のはしくれといえども、ヒトの精神世界という聖域に物質論で踏み込む大それた勇気を持つことはとてもできなかった。バリバリの理性主義者である立花さんのある意味予想外の博士への反駁に強いシンパシーを感じたことをよく憶えている。

『二十歳のころ』

二〇〇八年、偶然が重なり私は長崎大学長に就任することになったが、学長としてこれだけは成し遂げたいと思ったのが、大学での学生の学びを、それまでの教員から受身で知識を学ぶ〝知識受容型学修〟から自ら考え、調べ、表現する〝主体的学修〟へ転換することであった。グローバル化が進行する世界の中で、バブル崩壊以降の低迷を脱しきれない日本が活力を取り戻し変容する世界に貢献するには、既存の価値に拘ることなく新しい知や文化を創造することのできる次世代の育成が急務と考えた。

そのころに改めて読みかえしたのが『二十歳のころ』（新潮社　二〇〇一年）で、とても参考になった。立花さんが東京大学教養学部で主宰した〝調べて書く〟というゼミの内容を編集した本である。ゼミ生たちが会いたい人に〝二十歳のころ何をしていたか〟をインタビューし執筆するというもので、大江健三郎、黒柳徹子、松本零士など多彩な人々が登場する。その中には広島・長崎の被ばく者も含まれている。すでに事を成した人々が、二十歳前後のインタビュアーに胸襟を開いて自らの〝二十歳のころ〟を語るさまが臨場感をもって綴られており、物語としてもとても面白い。まさに〝主体的学修〟の一典型であり、このゼミから学生たちが多くのものを得たことは想像に難くない。

一九九六年に開始された立花ゼミは、二〇一〇年まで断続的につづいた。立花さんの若者たちへの思い入れの強さを物語っている。一九九〇年代以降の日本の政治、経済、学術・文化の在り様に限界を感じておられたのであろうか、このころから、彼の心の中では次世代への期待が大きく増幅していたように思う。

「被ばく者なき時代に向けて」

立花さんは、原爆投下の五年前(一九四〇年)に長崎医科大学病院で産声を上げた生い立ちから、核兵器問題に対する思い入れは強く、それこそ〝二十歳のころ〟は反核兵器運動に没頭したらしい。その後もたびたび長崎に来られていたようだ。

二〇一五年一月には長崎大学核兵器廃絶研究センター(RECNA)とNHKの共同で、立花さんを囲んでの長崎の大学生たちとのワークショップが開催された。核兵器廃絶の実現に向けての強い思いとともに、被爆後七十年が経過し被ばく者がいなくなる中で被ばく体験をどのように継承したらいいのかという彼の問題意識がテーマとなった。まず立花さんが「被ばく者なき時代に向けて」と題した講義をおこない、それを受けて学生たちがグループに分かれて議論し、その結果を発表し合うという形で進行し、ワークショップは大変盛りあがった。

立花さんは、後日に文藝春秋誌（二〇一五）に連載された巻頭エッセーの中で、その時の印象を記されているが、ゆとり教育世代の彼らに対する、次のような言葉で結ばれている。《自分たちなりの意見をまとめて発表するということになると、臆せずにものを言い、なかなかの自己表現力をもっている。そういう姿を見ていると、日本にも新しい若い世代が着実に育ちつつあるなと思えて嬉しかった。》

次世代への期待と信頼のこもった立花さんの優しい眼差しが表現された珠玉の一文である。

おわりに

じつは、それより前に、一度だけ立花さんに直接お目にかかったことがある。医学部に被ばく関連資料の調査で来訪された折、打合せ用の会議室にご挨拶にうかがった。

勇躍として出かけたが、部屋に入るとあの独特の鋭い目つきで一瞥された後、二言三言型通りの言葉を交わしただけでほとんど相手にしてもらえなかった。冷たくあしらわれたといったほうが正確である。少し残念であったが、腹が立つというより、〝この人は国立大学長などという既成の空疎な肩書・権威にはまったく興味はないのだ〟と妙に納得したことを覚えている。

最近になって、立花さんは世に出る前の一九七〇年頃、新宿ゴールデン街で「ガルガンチュア立花」というバーを経営していたことを知った。私も、この街には一九八〇年代に随分と通い詰めた。神社の裏手に小さなバーや飲み屋が密集して立ち並ぶ一画であるが、夜が更けると一風変わった各界の老若男女が集結し、多様性の坩堝《るつぼ》と化す。それぞれの店の主人の際立つ個性に惹きつけられた常連客が多いが、一見さんも歓迎される。共通点は酔っぱらうのが好きなことと表現すべき自己を持っていることであろうか。

左脳を麻痺させ右脳を全開にした酔っ払いによる異文化交流が、夜な夜な繰り広げられる。異端や非常識が許容される少々危なっかしくも刺激的な場所である。当時三十歳代の私にとって最も居心地のよい空間であったが、立花さんにとっても同様であったはずである。もし、若き日に新宿ゴールデン街で立花さんとの邂逅を果たせていたら……などと妄想を膨らませてみるのもまた一興である。

ちなみに「ガルガンチュア立花」に刻まれていた標語は〝汝の欲するところを為せ〟であっ

たそうである。文字通りの意味とともに、〝やりたくないことはやるな〟ともとれる。立花さんは、その言葉通りの何物にも囚われない自由な生きざまを全うされ、八十歳にしてその羨ましすぎる人生に幕を下ろされた。

立花隆
長崎を語る

講演録、論文再録

立花隆講演録

次世代に語り継ぐ戦争

（二〇一一年七月三十一日　長崎原爆資料館ホール）

はじめに

僕と長崎はいささか深い関係がありまして、僕と原水禁運動というのも、あんまり知る人はいないのですが、結構深い関係があるのです。それで、これから「戦争の記憶」というデジタルメディアの話と、今度の本のことについて話していきたい。

僕は長崎で生まれたのですが、そのどこかと問われれば、皆さんよくご存知のあの長崎医科大学の中庭的な場所にあった産婦人科病棟です。僕はそこで原爆五年前に生まれました。だから、あの爆心地から水平距離で六百メートルくらいのところです。もし幼い頃、ずっと長崎におれば僕も被爆しているところだったでしょうが、僕は幸いその時、北京にいま

長崎原子爆弾の
医学的影響
The Medical Effects of the Nagasaki Atomic Bombing
長崎大学大学院医歯薬学総合研究科
附属原爆後障害医療研究施設
ここに写っている長崎医科大学病棟で私は生まれた

した。それで、ここにこうしているわけです。その辺りの事をしゃべりたいと思います。

母の遺品からわかったこと

僕の母親が二カ月ほど前（二〇一一年五月四日）に死にまして、葬式というよりはむしろ偲ぶ会で作られた資料があります。そのメモを見ますと、母親は昭和九年（一九三四年）に活水女学校（当時）の先生をしていた父親、橘経雄と結婚している。それで、その活水女学院のチャペルで受洗しています。

皆さんご存知のように「活水」は九州で一番くらいのプロテスタントの学院ですから、うっかり若い先生が生徒に手をつけたら大事件になる。だから就職先として採用は決まったのですが、学校当局が「赴任してくる前に結婚しなさい」と諭したのです。なにも当局に言われたから結婚したわけではないのですが、長崎に着く早々に活水のチャペルで結婚したわけです。

母、橘龍子（1915～2011年5月）と遺稿集

その母親が死んで遺品を見てみると、いろんな形で書き残した文章があったのです。その一節で、活水に入ってチャペルに毎週出るようになった。それで受洗をしたけれども、全然訳が分からないままに行っていた、ということが書いてあるわけですね。それで聖書の勉強会のようなものにも出るのだけれど、真面目な教養などの内容は全然頭に入ってなくて、「美しい南国の町は住むに快く、二人だけの生活はのんびり」みたいな感じでエンジョイしていたようです。

活水の先生の一人とすごく親しくなるのですね。活水は、ご存知の方は結構いると思うのですが、アメリカのメソジストの学校です。けれども、その先生は内村鑑三の影響を受けて無教会主義です。その影響をうちの父親も母親も強く受けましたので、後に両親とも無教会派の信徒になります。念のために言っておきますと、僕は無教会派でもクリスチャンでもありません。でも、このあたりのことは小さな子供の頃からよく知っています。

教育勅語、御真影、奉戴式に反発

校長　アメリカに帰国　そのまま戻らず
米メソジスト教団からの資金　極端に細る

北京へ（北京第一中学。文部省派遣教員）

ミッションスクールへの圧力

両親の結婚は昭和十年ですね。僕が生まれたのは昭和十五年（一九四〇年）です。僕の兄貴はもうちょっと前（一九三八年）に生まれています。それから間もなくあの戦争が始まるわけです。

それで活水はミッションスクールですから、日本の社会が非常に強い形で戦時体制を敷いていく中で、あえてそういうのに影響されない形でいくのです。しかし開戦間近になるにつれて社会全体が急速に幽閉化していく、そういう時期であります。基本的に「昭和」はそうです。

戦争直前のその時期、日本中の学校が教育勅語を暗唱して、さらに天皇の御真影を全国の生徒がお参りする、頭を下げる、そういう時代です。

ところが活水はそれを拒否していたのです。それで、これは昭和何年でしたか正確には分かりませんけれども間もなく「もう許さん」と文部省が言うわけです。「お前らは今まで教育勅語も御真影も拝まなかったけれども、それは許さん」ということで、教務員全部、家族ぐるみ県庁に呼ばれまして、お上からその教育勅語と天皇の御真影の両方を下賜される。そういう儀式がありまして、家族全部で行ったと言う。僕もそこに行ったはずだって言うのですね。しかし、僕は産まれたばかりですから記憶にない。まあ、そういうことがあったわけです。

その時期、活水だけじゃなくて日本中のミッションスクールに対するプレッシャーが厳しくなります。活水の校長はアメリカ人の女性だったのですが、おそらく当局がアメリカに帰国させてくれたのだと思うのですが、そのまま日本に戻らない。それでアメリカのメソジストの教団から送られていた運営資金が極端に細くなるわけです。先生たちは、みんな生活に困って共同で家庭菜園を作り、自分たちの手で食べ物を供給する。そういうことまでやった時代だったのです。

私のうちは、小さい子供が二人いまして、給料も満足ではない状態ではやっていけない。「文部省派遣の教員として中国の学校にいくなら、その口は紹介してやる」と言う人がいて、それで北京に行ったわけです。一九四〇年か四一年だったか、もう戦争が始まっているのです。ですから最初は父親が行きまして、その後に子供を連れて母親が行くのですが、神戸を出航して中国の天津あたりに上陸、それから北京に行くというコース。その海路はすでに戦争が始まっていますから、いつアメリカの攻撃を受けるか分からない。そんな状態で中国に渡ったと聞いております。

コルベ神父との出会い

それでもうひとつ、これは多分、かなりの人がご存知だと思うのですが〝アウシュヴィッツの聖者〟として有名なコルベ神父という方がいらっしゃいます。彼は長崎の「聖母の騎士修道院」の神父だった。この人、この人達と言いますか、聖母の騎士修道院を一九三一年に長崎に設立し、自分たちで印刷機を持っていました。それで独特の会報を作って長崎の街でいろんな人にそれを配り、信仰を広げるという活動をしていたのですね。

父とコルベ神父、ゼノ神父との出会い

それを、うちの父親が街で受け取っているのです。たぶん、このコルベ神父でなく、もう一人のゼノ神父ですね。この方も日本ですごく有名な人なのです。このゼノ神父が一番、町に出てそういう活動をやっていた。それで父親はおそらく、ゼノ神父から受け取った可能性が強いのではないかと思う。それを受け取ることによって父親は、コルベ神父と親しい関係をつくっているのですね。

父親が亡くなった後、父親の遺品を整理していましたら日誌が出てきました。長崎時代のいろんなことが書かれていたのです。このコルベ神父も出てくるのですね。それで母親に聞いたら、母親もコルベ神父のことをちゃんと知っている。

コルベ神父という方はアウシュヴィッツでの餓死の刑でも知られ、「アウシュヴィッツの聖者」として有名な方です。ナチスが、ある囚人を「餓死の刑」に処するということになったとき、一緒に囚われていたコルベ神父が「自分が身代わりになる」と言って餓死する道を選びます。実際は頑丈な人で食べなくてもなかなか死ななくて、最後はナチスが薬物を注射して殺したということです。

その彼の行為が高く評価されて、カトリック教会はコルベ神父を聖人にしました。今もアウシュヴィッツに行くと神父が死んだ部屋があり、ローマ法王が捧げた巨大なロウソクが置かれています。戦争が終わってすぐ、コルベ神父の話は世界的に有名になるわけです。

私の父親は北京で終戦を迎えます。

日本に帰って、まずは母方の田舎に行きまして、すぐには長崎に来ないのですが、間もなくコルベ神父の話（身がわりで餓死すること）を知っている。

生まれた町が二番目の被爆地

長崎という街に自分が生まれて、その長崎に世界で二番目の原爆が落とされたということ、その意味が子供の僕にはすぐには分かりません。一九四〇年生まれですから終戦時は五歳です。けれども次第に理解しました。

そもそも戦争が続いている戦時中、日本人は原爆のことをほとんど知りません。戦後もアメリカ軍がものすごく厳しい検閲をしていたから、原爆の「げ」の字も一般の報道に載ることはなかったわけです。

1952年8月10日 アサヒグラフ
原爆はじめて本格報道　小学6年　大ショック

ずっと日本人のほとんどが原爆のことを知らないままにサンフランシスコ平和条約が結ばれ、プレスコードが失効した。あの戦争が終わってからなんですね、原爆について知るのは。で、その最初のきっかけが一九五二年八月六日の「アサヒグラフ」なんです。つまり終戦後七年目になるわけで、それまで日本人のほとんど、そのことを知らなかったわけです。

日本で誰も原爆が何なのかよく分からない時期に、衝撃的な写真をドーンと出したものですから、日本中で一気に何十万部という単位で売れます。それで何度も増刷するのですが、次から次へ売れるみたいなことがありまして何号も出るのです。その年だけじゃなくて十号分ぐらいをまとめて一冊にした、そういう特集もあります。僕は古本屋で買ったのですが、あの最初の一九五二年八月六日の「アサヒグラフ」も自分で見た記憶がはっきり残っています。

それで、先ほどちょっと出たことでも分かりますように、その時、僕は十二歳です。十二歳ですけれども、やっぱりいろんなこの有名な原爆の写真は、この時に一般社会にドーンと公開されたわけで、それはもう見るからにショックの連続なわけです。そういう時代だった。

それでまあ、広島じゃなくて長崎なのですが、そういうことがあって僕はやっぱり子供の時から原爆について非常に強い感情を持っているわけです。

大学二年で原水爆禁止世界大会に参加

いきなり大学生になっちゃいますけれど、一九五九年というのは僕、大学二年生の時。原水禁世界大会の第一回が一九五六年。一九五四年三月一日にビキニ環礁でのアメリカの水爆実験があって漁船「第五福竜丸」が多量の放射性物質を浴びるという事件がありました。あの水爆実験の被害も五四年でして、あれで核実験反対の火の手が日本中に一挙に広がった、そういう時期なのです。

その次の年、五五年から原水禁世界大会というのが毎年開かれるようになります。それで二回目が長崎で、その後、東京で二回やって、また広島で開催した。これが一九五九年で僕が大学二年の時ですね。僕はこの年、この原水禁世界大会に東京から広島まで、鈍行列車に乗って二十三時間を掛けて向かい、出席しています。

1960年イギリスで行われた学生青年核軍縮国際会議に参加

大学生になって僕は原水禁運動に参加するのですね。第一回の原水禁世界大会が広島で開かれたのが、申しましたように一九五五年。それから毎年開かれるようになったこの大会に、大学二年生になった五九年に参加した。そして会場で手を挙げたらすぐに指名され、何かをしゃべった記憶があります。

その年の春、広島に行く前に、僕は同じ歳の学生と語らって、世界のあちこちを回って原水爆禁止運動をアピールする活動をしようと「原水爆禁止世界アピール運動推進委員会」といったものを自分たちで立ち上げました。一九六〇年のイギリスで行われた学生青年核軍縮国際会議に招待され、僕はその代表としてイギリスに行きました。

「オルダーマストンマーチ」

広島に行って「アピール運動を我々が始めたから我々の運動を受け入れてくれ」というようなことを、世界の代表団にアピールしたのです。「広島の声を世界へ」というのがこの年の討議資料のタイトルなのですが、なぜそういうタイトルが出たかというと、その前の年に「オルダーマストンマーチ」というものが初めて出ています。

長崎原爆資料館の一番奥の部屋にいくと、原水禁運動の歴史の紹介があります。そこにオルダーマストンマーチが核廃絶・核反対の運動として日本以外の国で初めて広く起こされた最初の事例として紹介されています。

それがなぜかと言うと、この年にイギリスが核実験をやる。それまでアメリカはずっと核実験をやっていました。だけれどもイギリスが初めてやるのですね。それでこの「オルダーマストン」というのはどこかといいますと、イギリス軍の基地に在る核実験研究所。

オルダーマストンマーチ（1960年）。JAPANの旗をもっている

そこで原爆を作って実験をしていたのですね。

イギリス国内には原爆反対の声を上げる文化人が相当いまして、その人たちがオルダーマストンに行って、そこで抗議の声を上げてオルダーマストンからロンドンまで歩いて帰るという、そういうマーチ（行進）をやるのです。有名な哲学者バートランド・ラッセルも先頭に立って参加しています。

一九五八年、五九年、六〇年と毎年続けてやるという展開の中で、その六〇年に、あのオルダーマストンマーチを組織した連中が国際青年核軍縮国際会議を開こうという計画を立てるわけです。ポーランドの外相、前フランス首相など、そういう人たちを呼んで国際会議をやろうと世界中から代表を募るようなことをやったのですね。それで、その前に僕らは広島でビラを撒いて次々に会見を求めていろんな話をしたのです。そうすると、この会議に出てくれという招聘状が来たのです。招聘といっても交通費をくれるわけではない。ロンドンに来ればロンドンにいる間の宿泊費とか、そういうものは世話しますという。

しかし、日本からイギリスに行くのはこれまたものすごい金が掛かかります。どのくらい掛かるかというとひとり五十万円だったのです。随分前のことですからすごく高額なのです。そのうえ二人ですから百万円ですね。その金を集めようと計画するのですが、要するにいろんな方から資金を確保する他に方法はない。そこで趣意書を持って片っ端から寄金に賛同してくれそうな人の所を回る。学生にも協力を呼び掛ける、というように非常に幅広くやるわけです。

物理学者玉木英彦先生のこと

「ぜひ二人の学生をイギリスに派遣しようじゃないか」という信書がありますが、裏面に発起人の名前が書かれています。

僕も何人か知っている人が並んでいるのですが、この中で挙げたいのは「玉木英彦」という先生。その名前が書いてあります。

玉木英彦先生は物理学者です。この物理学者はですね、実はあの戦争の最末期、アメリカが一生懸命に原爆を作っている時に、日本も原爆を作ろうとしていた人なのです。まあ、ドイツもやろうとしていたし、それからアメリカの原爆は実は、アメリカとイギリスの共同プロジェクトとしてやられていました。このように世界中であの時、原爆を作る競争をしていたのですね。

日本の理化学研究所（理研）の仁科芳雄という有名な先生がいるのですが、玉木先生はそのお弟子さんとして、日本で原爆を作るよう一生懸命にやっていた、やろうとしていた、そういう人なのです。

実は、日本でこの関係の資料が一番あるのは長崎大学なのです。あそこの研究所に大量にいろんな資料があるのですね。これは先日、訪ねて取材をする中で頂いた資料なのですが、広島に原爆を落とされたとき、原爆のことが分かる人なんて日本にどれほどもいませんから、この仁科芳雄先生、さらに日本の原爆研究を推進していた理研と東大と京大あたりの中から、少しでも原爆のことが分かりそうな人を選んで広島に派遣したのです。

それで仁科先生自身がまず広島に行きます。広島に行って直ちにいろんな調査をして、「これはもう一〇〇パーセント間違いなく原爆である」と発表。さらに、どのぐらいの中性子が出て破壊力はどれくらいと調べて、発表したのです。その調査の真っ最中に、今度は長崎に原爆が落ちるわけです。仁科先生はすぐ長崎に行きます。

先ほど話した玉木英彦先生ですね、僕のロンドン行きの発起人になった時は、あの人は東大の教養学部におられました。物理の先生です。

玉木先生は広島、続いて長崎に原爆が落ちて、それで「仁科先生の新聞の置き手紙を手にしたのは八月八日の朝だ」って書いています。この八月八日の朝の新聞を置き手紙というのは、仁科さんの要するにですね、これは原爆に間違いないからいよいよ腹を切らなきゃなんないという意味ですね。責任を取るということ。「腹を切る」という感じで戦争の最末期に覚悟を示した。

終戦の詔勅に原爆のことが書かれている

日本で原爆を作るため、ものすごい金を投じて研究者を動員して研究をやっていたのですね。だけれどもアメリカのほうが先に原爆を作ってしまい落とされた。結局、あの戦争で何が経験として残ったかといえば、終戦の詔勅を細かく読んでいくと、はっきりと書いてあるのですが、終戦は「原爆がやはり原因、動機だった」ということが分かります。天皇が要するに、ついにアメリカはそういう爆弾を作って大量殺戮するようなことを始めた。もうこれ以上被害を広めないために戦争を終わりにするほかない、みたいなことが終戦の詔勅の中にきちんと書いてあります。

仁科芳雄先生の〝置き手紙〟はそういうことで、「君も僕も腹を切らなきゃならないけれども、いつそれを決行するかは広島から帰って相談しよう」と書いてあるのです。だけど実際には、今度は長崎から帰るともう終戦になるということで、二人とも腹を切らなかったわけです。

玉木英彦さんは、要するにアメリカは原爆を本当に作った。広島に落として長崎に落として、であとの計画もある。そういう状況の中で書いています。

——それで我々はおそらく皆死なねばなるまい、その原爆が落ちるだろうから。英米の学者がやり遂げたどえらい仕事の結果をはっきり観察してから死にたい。つまり、広島にいって長崎にいって、原爆とはどれほどの爆弾であったのかをきちんと知りたい。きちんと確かめてから死にたい。未開人のように何が何やら分からずに殺されるのではなく、ギリギリまで科学者としてできることをしたい——などと書いている。

〝原子力を使う〟というのは、自分たちが原子爆弾を作ってアメリカに落とす、ということですね。それはできなかったけれども「自ら観測するモルモットになるほかあるまい」というわけです。自分たちは「原爆を落とされる側のモルモット」だと。自ら観測するモルモットとして「どういう効果があったのか、きちんと科学的に観測するモルモットでありたい。それを我々がやらなかったら誰がやるだろう」と。

つまり、日本で原爆を作る研究をしていた我々以外に原爆が分かる連中はいないのだから、我々がそれをしたい、そういうことが書かれているわけです。その人がたまたま教養学部の物理の先生をしていて、発起人の一人になってくださったわけです。

読売新聞の独占ニュースに

それで実際に行きます。百万円を集めるというのは、ほとんど嘘のような話なのです。我々の力ではどうしようもない。半分ぐらいか、もしかしたら半分も集まらなかったかもしれない。正確には、いくら集まったという記憶はないのですが「読売新聞の独占ニュースにする」という契約のもとに、読売新聞社が不足分の資金を出してくれたのです。ですから、この話は読売新聞にはきちんと記事にされているのですが、朝日新聞の読者などは知らないわけです。

「アサヒグラフ」の写真以外にも原爆の被害写真を用意しました。ぜひ発起人になってくれと頼み込みまして、それで写真家の写真をどっさり持って行くというプロジェクトをやったわけです。

現地ではいろんな資料を持って行き、アピール活動を展開しました。

映画を三本持っていきました。原爆関係では非常に有名な映画、新藤兼人監督の「原爆の子」は多くの人が見ていると思います。それから「ひろしま」というのは日教組が中心になって作った映画です。ドキュメンタリー作家として有名な関川秀雄という監督は、ご自身が放射能のいろんな実験をした方で、どれほど生物に奇形を起こしたか、そういうことをやった人です。それから写真家の土門拳さんの写真です。

僕ら、これを担いでフランス、イギリス、イタリア、オランダと行ったのです。映画三本のフィルムはものすごく重い。本当にもう、くたくたになるような感じで行きました。

『天皇と東大』で訴えたかったこと

イデオロギーと運動から
遠く離れて半世紀

⬇

- 『天皇と東大』日本はなぜあの無謀な戦争に突入していったのか(7年かけて執筆)
- 戦争遺跡ネットワーク
- 東大ゼミ、立教ゼミ

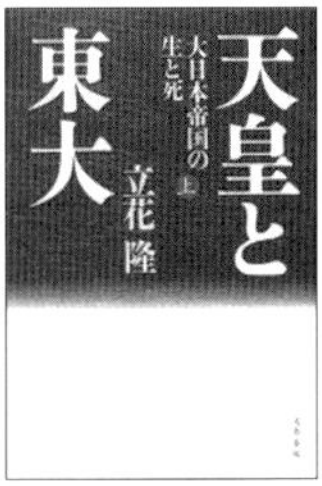

そのままいけば僕は、いわゆる政治運動家になっていたかもしれない。この年、僕がイギリスからヨーロッパ各国を映画や資料を担いで回って帰ってみると、日本は六〇年安保の時代です。僕は樺美智子さんが死んだ六月十五日のニュースも「東京で暴動」という新聞記事をパリで読んで知った。この後、六〇年安保の総括をめぐって学生運動はめちゃくちゃになっていきます。七〇年安保のころには、俗に「五流十三派」と言われるほど分裂を重ねる。

原水禁運動を含めて日本の運動というのは、国内で声を上げるだけなのです。ヨーロッパ各国を歩いて、いろいろな人たちと議論をかわす中で、そういう内向きの運動ではダメだと強く感じました。結局、イデオロギーや政治運動から離れて文化的な世界へ入って、その後就職して物書きになったのです。

僕は二〇〇五年に『天皇と東大　大日本帝国の生と死』(文藝春秋)という本を書いている。これは上下二巻の本でして、雑誌「文藝春秋」に連載したものをまとめた本です。日本は何であんな戦争に国を挙げて突っ込んでいったのか、身を滅ぼすことになったのか、そこを知りたいという思いが、ある時期までずっと、一番の関心事の焦点だったわけです。それを、こういうタイトルで七年間連載しまして、日本がどんどん狂っていくその過程を詳細に描いたのです。どうして日本がこんなにめちゃくちゃな国になったのかということが分かります。書いていく過程で、日本はこんなことをやって、どうしようもない国になりつつあるという意識をすごく強く持ったのですね。

それでその頃、東大でも僕、先生をやっていましたし、学生達といろんな活動をする中で、日本という国は、あの戦争が終わるまでは国の隅々までですね、ある意味軍が支配していた。だから今「沖縄が全部米軍に支配されている」と言うけれど、それ以上に日本は当時、日本軍に支配されていたわけです。あらゆる意味で軍が闊歩していた時代があの時代なのですね。

あの戦争のとき、日本は本土決戦の準備をしていた。満州国というのは、いずれ天皇をはじめ日本帝国が引っ越して、本土決戦に備えるためのものだった。原爆のために引っ越しはやらなかったのですが、元々は天皇はじめ国民すべてが引っ越して、本土決戦をやる予定だったのです。実際に本土決戦をやっていたら、日本中が沖縄のような決戦場になって、どれだけの人が死んでいたか分からない。当然、その子孫も生まれないわけですから、今日本で生きている人の相当部分は存在していないでしょう。

日本にそういう時代があったことを、日本人ははっきり認識すべきだと思います。要するに今、「戦争の記憶」というものを、社会全体としてもっときちんと伝えていく必要があるのです。世界中の人々がそう思っているのです。

ウォー・ミュージアム構想

アウシュヴィッツの話をしましたけれども、去年（二〇一〇年）、学生を連れてアウシュヴィッツを見に行きました。立教大学の学生と一緒に、「戦争の記憶」という大きなウェブサイトを作って、そこに世界のいろんな戦争の記憶を記録して公開し、さらに世界中の戦争の記憶のウェブサイトにリンクさせようとしています。

僕はここ何年か、長崎に来ては原爆資料館でさまざまな記録を片っ端から読むということもしています。そうすると、戦争の記憶を呼び覚ます資料のあまりの膨大さに、もうお手上げ状態になります。資料全体に関連性といったことがきちんと行われていないので、全体をとらえようとすると、しばしば絶望感に襲われます。まして、資料館に来ることもできない圧倒的多数の人たちに、どうやってこの事実を伝えたらよいのかと考えると、もっと絶望します。

しかし今のＩＴ技術を使うと遠く離れた所に居ても各地の戦争資料館、ウォー・ミュージアムに入って行って、見たい資料を見られるようにできる。グーグルのアートプロジェクトでは、世界の美術館をそうやって探訪することができる仕組みがすでにできています。さらにバーチャルリアリティの技術を使えば、展示してある記録を覗くとその内容が一度に伝達できるようになるかもしれない。要するに、ＩＴ技術を使うと、これまではとても処理し切れなかった資料にも簡単にアクセスして広げて、読んでいくようなことができるわけです。

長崎の原爆資料館や広島の原爆資料館は優れたウォー・ミュージアムだが、そこに詰め込まれた膨大な戦争の記憶にもっと多くの人が触れられるようにしたい。そのために、ＩＴ技術を使って世界中のウォー・ミュージアムを連結して、デジタル・ミュージアム化したらいいのではないかと思います。いわば「世界の戦争体験館」ですね。これを実現するためには、国家的な資金が必要となるでしょう。立教大の教室でもいろんなプランを書きました。

秋月寿賀子さんと『死の同心円』

僕の父が活水女学校で国文の教師をしていた頃、教え子の一人に秋月寿賀子さん（享年百二）がいました。被爆者の生き残りとして有名な方で、爆心地から千四百メートルの浦上第一病院で看護婦をしていました。同病院の医師秋月辰一郎さんとともに、被爆直後から、押し掛ける無数の被爆者の救護にほとんど不眠不休であたった方です。お二人はこの三年後に結婚されています。

秋月医師には、原爆体験記の古典的名著『死の同心円』（長崎文献社　二〇一〇年）がある。

父・経雄の教え子（活水女学校）秋月寿賀子さんは
この著者秋月辰一郎の妻

「死の同心円」とは、爆心地から放射能の強度に従って、見事に同心円を描くように原爆の被害が広がったことを意味します。爆心地から五百メートル以内にいた人はすべて即死するか、一週間以内に全身火傷ないし急性劇症でバタバタ死んでいった。爆心地から五百メートルないし千五百メートルにいた人々は次の四十日間で、食欲不振、全身疲労、髪の毛が抜ける、全身に出血斑が出る、白血球が急激に減少するなどの症状が次々に出て、ほとんどが死んでいった。今日は爆心地から〇〇メートルまでの人がすべて死んだ。明日はその輪がさらに〇〇メートル進むだろうと思っていると、現実にそうなったといいます。

永井博士の『長崎の鐘』はセンチメンタルな部分、宗教的な部分が多いのですが、秋月医師の『死の同心円』にはそれがない。あくまでクールに事実だけを書いているから説得力があります。

私は知らなかったのですが、両親は亡くなるまで秋月夫妻とずっと交遊関係がありました。死後、遺品を整理したところ、夫妻とやり取りした手紙資料がたくさん出てきました。それで、奥さまが元気なうちにお話を聞いておきたいと思い、インタビューしているところです。ウェブサイトにアップしていくつもりです。僕が生きている間にどのくらいのことができるか分からないが、少しでもやっていこうと活動しているところです。

非常に多くの人が、これまで戦争の記憶を話さずに生きてきました。その人たちが、近年、ようやく口を開くようになっている。というのも、「自分自身が死ねばリアルな戦争体験も埋もれてしまう。それでいいのか」という、いたたまれない焦燥感の中で語り始めたということです。

アウシュヴィッツへの旅

僕の大きなプランにアウシュヴィッツがあります。アウシュヴィッツに行くために去年、学生たちとベルリンを回りました。ベルリンのど真ん中のある地区に「死の17番線」という名のホームがある。このホーム、なぜ「死の17番線」と言うのか。実は、ここからユダヤ人たちが強制収容所行きの列車に乗せられたからなのです。ここからアウシュヴィッツへそのまま行ったのですね。それで「ここで誰と誰が乗った」という記録があるのです。

ベルリン グリューネヴァルト駅　死の17番線ホーム

フリードリッヒシュトラーセ駅

アウシュビッツ

だから異様な空気が漂った街でして、あの戦争の記録がいろいろなところに刻み込まれているのです。

アウシュヴィッツの収容所の中に、巨大な炉がありまして、その炉の側にこれも巨大なプールがあります。囚人たちが到着すると、すぐ服を脱がせてプールに入れる。それで、実はシャワー室はガス室でして、側に炉があって死体を燃やすという、そういうことが行われていたのです。そういう強制収容所がドイツにはいくつもあります。何もアウシュヴィッツだけではないのです。

アウシュヴィッツだけでどのくらいの人が殺されたのか。「百万人」です。それがどういうことを意味するのかというと、広島・長崎を合わせた原爆犠牲者より遥かに多くの人々がアウシュヴィッツ一カ所で絶命させられたという、そういうことです。ガス室をはじめ、囚人を次々に射殺する場所など虐殺施設がいくつもあって、先ほど言いました聖者コルベ

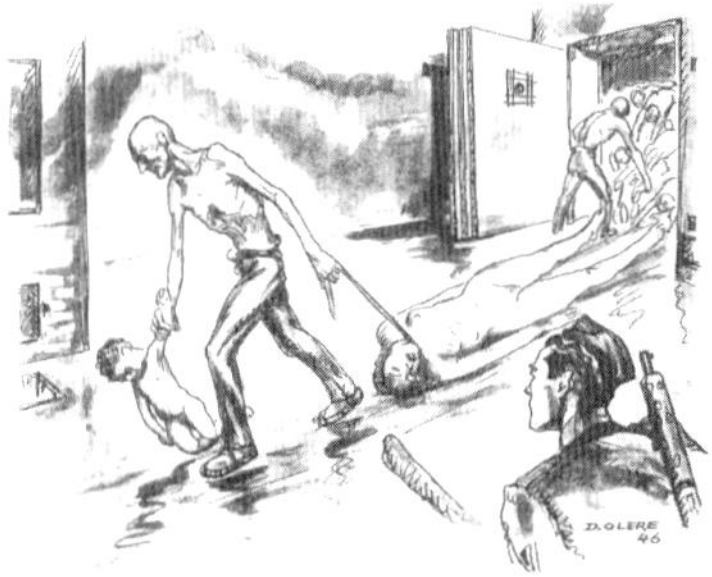

《ガスによる殺戮後》
ダヴィッド・オレール　1946年
紙に水墨と淡彩
ゲットー戦士の博物館、ガリラヤ、イスラエル

《ガス室の中》
ダヴィッド・オレール　1950年
紙に水墨と淡彩
個人の収集品

神父の部屋も残されています。

それで、もうひとつ言っておきたいのは、今の日本で本当にリアルな戦争の体験者というのは、ほとんど八十代とか九十代になって、次から次に亡くなっています。このままいくと間もなく、現実に戦争を体験した日本の人たちが消えてしまうのです。それでいいのか、ということです。ヨーロッパでは問題にしていまして、戦争の記憶を何らかの形でこの社会に残そうとの発想が各地に広がっているのです。

たとえば『私はガス室の「特殊任務」をしていた』（河出書房新社　二〇〇八年）という本があります。書いたのはシュロモ・ヴェネツィアという人。特殊任務というのは、アウシュヴィッツ収容所のガス室で殺したユダヤ人の死体を運ぶような作業です。ただ運ぶのももったいないから、金歯をはめている死体の口は全部開けて金歯を取ったり金目のものを剥ぎ取ったりする作業です。そういう特殊任務なのです。

それはどういう人たちかというと、ドイツ人ではない。要するにユダヤ人の中で頑丈そうな囚人をピックアップして「よし、お前」「よし、お前」っていう感じで引き抜いて、何十人かを選んでその役割をさせていた。その人たちは終戦時、ガス室の秘密を全部知っていますから、それは秘密を知る人間として生かしてはおけないということで全部殺されてしまいます。ナチスは次から次へと彼らを殺したのですが、最後の班だけ戦争が終わって生き残っていたのです。

生き残りの人たちが初めていろんなことを告白し、絵心がある人は当時の出来事を絵に描く。そうして、初めてアウシュヴィッツの秘密が世の中に出てきたのです。彼（著者）はそんなおぞましい体験を、これまで生涯の秘密として自分の胸の内だけにおさめていた。ところが近年、ヨーロッパではネオナチのような活動が広がってきている。そんな状況を見かねて、彼はやはり話さなけ

シュロモ・ヴェネツィア著
『私はガス室の『特殊任務』をしていた』
河出書房新社

朝日新聞「広島・長崎の記憶」

ればという気持ちになって、この本を書いたのです。ナチスのユダヤ人絶滅の記録の中でも、相当大変な内容のものだと思います。

「広島・長崎の記憶」

朝日新聞は「広島・長崎の記憶」というページをインターネットに載せています。被爆六十年か七十年のときに始めた戦争体験の聞き取り調査の成果が膨大に溜まったものを、次々にインターネットに載せているのです。

見ると、先ほども言いましたように、これまで明かさなかったという人たちが初めて口を開いたという、そういうページがとても多いのですね。聞き取り調査は長崎放送の記者の方もされています。故人となられた方ですが、被爆者の声を年月かけて集め、やはりインターネット上に公開して

残存者

川上宗薫

道の尾駅を出ると、汽車は、なぜか、徐行し始めた。屋根の崩れた家屋が散見され、やがて、荒廃した視野が開けてきた。敗戦後まもない長崎の北部、浦上の原子爆弾被災地である。殆《ほとん》どの乗客は腰を上げて、窓外に眼をひきつけられていた。以前であれば、こまごまとした凹凸の激しい風物が、性急に窓際をかき消え、眼まぐるしいほどであったのが、今は、冷やかに物々しい、また、妙によそよそしい投げやりな感じの焦土と化して、窓外全体がゆるやかに移動してゆく。

二本の高塔をそぎとられ、ささくれだった傷口に烈日を浴びる、曾《か》つては東洋一と喧伝された赤煉瓦《あかれんが》の天主堂。片面を剝《は》ぎとられ、或《あるい》は、上層を圧し潰され、四角や円の窓の向うがそのまま青空だったりするコンクリートの学校建築。くの字型にへし曲った、黒白だんだらの迷彩を施した巨大な煙突。風に靡《なび》き伏《ふ》す草の茂みのように折り重なった工場の赤錆《あかさ》びた鉄骨。コンクリート

川上宗薫「残存者」（左）と川上郁子「牧師の涙」

います。

今もこういう形でさまざまに活動が行われていながら、それが読まれているかというと必ずしもそうではない。これが事実なわけですね。体験者の方は自分が生きている間しか自分の記憶ってのは読まれない、出せないということに、ものすごい焦りの気持ちを持っているわけですね。けれども、それを受け止める若い人たちが、何か逆にうんざりしている。そういう時代にあるわけです。

長崎出身の作家、川上宗薫の義理の妹さんにあたる川上郁子さんという方がおられます。その川上郁子さんが、牧師だった義父の原爆体験記『牧師の涙』（長崎文献社　二〇一〇年）を書いています。

お父さんは宗薫のお父さんでもある人です。

川上家が暮らしていた松山町は爆心地ですから、八月九日はほとんど全滅というか壊滅状態になる。

お父さんは近くの学校の先生でしたので、学校から自分の家が焼けているのが見えたわけです。しかしすぐには帰れない。帰るともう辺り一帯は紅蓮の炎で、その日は一歩も近づくことができない状態。それで、翌日に探し当てて焼け跡を掻き分けると、一室に妻と子供二人が白骨になって、もう完璧に焼けてしまっている。妻はその二人の子供を抱いた格好のままだったというのです。お父さんは牧師さんだったのですが、もう神を信じることができなくなって牧師を辞めてしまうという、この本はすごい本です。

二〇一〇年に長崎を訪れた時、その本が出た日でして早速手に入れました。帰りの飛行機の中で読んだ僕は、大変なショックを受けました。

中にはこんなことも書いてある。郁子さんは大橋町の三菱兵器製作所に動員されて、製図された魚雷のトレースの仕事をしていたのですが、原爆投下の時は三菱造船所にいた。原爆が落ちた後、工場から船で大波止まで戻って、そこでこんな話を聞いたというのです。赤迫のトンネル工場の前でのこと、爆風で吹き飛ばされた女学生が自分の脳が額に垂れ下がったまま、その脳を自分の手で頭の中に押し込んだというのですね。これ、嘘だと思うでしょう。でも嘘ではない。本当のことです。それで、頭の中に押し込んだその女学生は、その後も生き延びて大人になっているのですが、記憶力が弱くなって勉強したことが思い出せなくて苦しんだということです。

この『牧師の涙』には凄い話がたくさん書かれています。リアルな体験談を読むと、川上宗薫の小説にも載っているのですが、この『牧師の涙』の方が遥かに優れている。安価ですから、ぜひ手に取って読んでいただきたい。

川上郁子さんは現在八十二歳なのですが、自分の故郷のこと、原爆のこと、大波止に着いてすぐの風景とか、本に書いたのは初めてなのです。

つまり今、日本でも、この長崎でも、そういう今まで語らなかったけれども、どうしても死ぬ前に書き残さなければという気持ちの人がたくさんいるということです。

土木学会誌論文　再録

軍艦島に上陸して思う　立花隆

原題「シビル・エンジニアリングの新しいあり方」

（土木学会誌二〇一〇年四月号）

土木系出身の職員が「世界遺産推進室」の仕事

長崎市に講演におもむいた機会を利用して、軍艦島を見学してきた。

かつて良質の製鉄用コークスの原料炭を産出する海中炭鉱の島として全島が労働者用に中高層の鉄筋コンクリートアパート群でおおわれ、世界一の人口密度を誇った島（人口は五千人）である。

島には炭鉱施設のほか、小中学校から病院、映画館、パチンコ屋、飲食店、各種商店まででそろっており、水道も海中パイプラインで長崎から引くなどしてほぼ完結した都市機能が営まれていた。

もともとここは、小さな島と砂州を合わせた無人島（端島）に過ぎなかったが、大正から昭和にかけての土木技術の粋を集めた六回に及ぶ埋立工事を経て拡張を重ねて作られた完全な人工島である。

最盛期には年四十一万トンを出炭し、一日おきに二千五百トンの運搬船が入ってきたという。しかし、六〇年代に入って石炭から石油へのエネルギー革命が進行すると、採算がとれなくなった。七四年に閉山され、全島民（二千人）が離島した。その後も無人島のまま三菱マテリアルが所有しつづけたが、管理に手がかかるので、ついに隣りの高島町に無償譲渡された。その後合併で高島町から長崎市に所有権が移った。案内してくれた長崎市職員の名刺には、「世界遺産推進室」とあった。いま「軍艦島を世界遺産に」という運動が進行中で、軍艦島のみならず九州・山口に広がる一連の日本の近代化を推進した産業遺跡群がユネスコの世界遺産暫定リストに入っているのだという。（二〇一五年に世界遺産に登録）

話をしているうちにわかったことだが、この職員、大学で土木をやり、長崎市役所に入った時も土木職として採用された。世界遺産の担当職員というからてっきり文化事業畑の出身かと思っていたらさにあらず、土木職なのだった。「昔は、土木というと公共事業としていろんな施設を作ったり、営繕、保全の仕事ばかりでしたが、いまはこういうこともやるんです」という。

軍艦島は市が無償で譲り受けたとはいえ、実は安全管理が大変である。ほとんどの建造物、鉄筋コンクリート造りだが、建設後これだけ時間がたち、メンテも十分なされていなかったから、いたるところ風化がすすんだ。崩壊の危険性があるところが多く、久しく全島立入禁止だった。しかし、二〇〇八年から安全第一・立入り絶対禁止の政策を変えて、安全管理をしたうえで一定区域の立ち入りを許可したところ、たちまち長崎有数の観光スポットになった。いま、遊覧船の回遊クルーズや上陸ツアーが沢山組織され、年間十万人を超える観光客がおしよせる観光資源になった。

西洋型国家機構で日本が近代化された

その話を聞いていて、東大工学部社会基盤学科（土木工学科が改名）の中井祐教授と「土木工学の過去、現在、未来」というテーマで話をしたときのことを思い出した。

昔は土木工学が何をなすべきかは、シビル・エンジニアが黙っていても、国家が国策として決定して「〇〇のために××をやりなさい」という形で上から指示がおりてきた。明治以来、国策の基本は日本を西洋近代国家なみの国家にすることであり、文明開化・殖産興業・富国強兵のスローガンのもと、国家の基本インフラ、基本システムを西洋モデルにととのえることだった。

それをミリタリー・エンジニアリングの側から推進したのが、兵部省と陸軍省で、シビル・エンジニアリングの側から推進したのが工部省で、その人材養成機関として作られたのが工部大学（後の東大工学部）だった。

その筆頭学科が土木工学（シビル・エンジニアリング）で、第一講座　鉄道、第二講座　河海（河川、港湾）、第三講座　衛生（上下水道、ダム）、第四講座　橋梁からなっていた。そのすべてを統括する巨大官庁として内務省が作られ、それが後に運輸省、建設省、厚生省などにわかれた。

要するに明治時代から昭和時代までのシビル・エンジニアリングは国家が作って管理すべきミリタリー以外のすべて（それがシビルということ）の基本インフラを次から次に作っては整備して保全していくことだった。その具体的中身は上から行政職官僚から指示がおりてきた。

しかし、基本インフラが一応ととのえられ、「コンクリートから人へ」の政治スローガンとなったいまの時代、シビル・エンジニアリングがなにをなすべきかは、上からの指示待ちでは進まなくなった。まず、従来の公共事業の発想からはなれた新しい発想のグランド・デザインをシビル・エンジニア自身が自ら考えて立てる必要がある。次にそのプランを社会に提案し、その必要性を説得していく必要がある。そのようなプロセスを抜かりなく踏むことで、シビル・エンジニアが自らの構想を実現していく時代に入ったのではないかという中井教授の主張をなるほどと思って聞いた。

軍艦島の観光地化は時代の先取り

しかしまずはニーズをつかむことが重要で、具体的には、「衰退しつつある地方都市の活性化、自然環境の保全再生、防災や景観の問題など」「虚心坦懐に人間をみつめ、社会を見つめるならば」枚挙に暇がないほどプランが出てくるはず（中井祐「土木に魅力を取り戻すために」土木学会誌 vol.90　第7号）という。

軍艦島の管理改策をちょっと変更して、ただの巨大な廃墟でしかなかった人工島にちょっと手を加え、一般公開しても安全に見学できるようにととのえたとたん、それが驚くほど人をよぶ観光資源になったというこの長崎市の事例が、新しいシビル・エンジニアリングの一つのあり方をしめしているといえるのではないだろうか。

土木職の課長が行政職、文化事業職の部下たちをひきいて和気あいあいやっているその姿を見て、土木工学会誌 vol.95 第3号巻頭言で細田尚教授が書いていた、〝土木こそ総合工学の立場から文科系を含む関連事業すべての総合プロデュース役として最適〟との主張がそのままここに実現していると思った。

2015年に世界遺産に登録された「軍艦島」

「戦後七〇年」特別企画 再録

僕の原爆論

（二〇一五年八月発行の「週刊文春」掲載の「語りおろし」を要約）

「被爆者なき世界」が目前

原爆投下から七十年、私たちは、今まさに瀬戸際に生きているといえます。

私は二〇一〇年（平成二十二年）九月に、東大と立教大の立花ゼミ有志と、ポーランドのアウシュヴィッツを見学に行きました。そのとき、収容所体験者に話を聞いたのですが、体験者の多くが亡くなりつつあり、今後、誰もいなくなったときにどうするかということが真剣な問題になっていました。同じことが、広島・長崎でも起きています。

広島・長崎の被爆者がどんどん少なくなり、地域ごとにあった被爆者の集まりも減り、組織自体を解体せざるを得ないようなことがあちこちで起きています。

もはや、「被爆者なき世界」が目前です。原爆被爆という人類史に残る民族の体験が、なくなろうとしています。本当に体験を語れる人がいなくなったらどうするかを考えなければならないのです。

消えようとしているのは被爆者だけではありません。二〇一二年（平成二十四年）、私が取材でロンドンに滞在していた時、新聞一面に「第一次世界大戦の最後の兵士が亡くなりました」という大きな記事が出ていました。ということは、約二十年の時間差がある「第二次世界大戦の最後の兵士の死」が報じられる日もそう遠くないことではないでしょうか。アウシュヴィッツ最後の囚人が亡くなる、広島・長崎の最後の被爆者が……多少の時間差はあっても、こうしたことはほとんど一斉に起こるはずです。

この十年ほど、これまで語られなかった戦争体験を急に語りはじめる人が日本でも海外でも現れたり、中国や韓国が盛んに歴史認識を持ち出してくるのも、戦争の記憶の消滅がリアルに見えてきた焦燥感が背景にあると感じています。

引揚列車の窓から見た広島の光景

私は一九四〇年（昭和十五年）に長崎医科大学付属病院で生まれました。長崎には二歳まで暮し、その後父親の仕事の関係で北京に引っ越したので原爆の被害には逢いませんでしたが、長崎医科大学病院は爆心地から水平距離で六百メートルです。爆心地から二キロ以内の人がほとんど亡くなったことを思うと、とても他人事とは思えません。

敗戦の翌年（昭和二十一年）三月、中国の天津からアメリカの上陸用舟艇に乗り、父母兄妹の一家五人で命からがら日本に引き揚げてきました。私は五歳でした。ようやく山口県の仙崎港に着き、そこから下関に出て、東京行の長距離列車に乗るため下関駅のホームで一夜を明かしました。私は寝ていて気付かなかったのですが、母や兄が浮浪者の一団を見ています。ぼろ服をまとったその子たちは、髪の毛がまるでなくケロイドを負っていました。後になって母は、その子たちは原爆孤児であったにちがいないといっていました。一瞬にして親を失った子どもたちは浮浪児とならざるを得なかったのです。東京でも大阪でも大空襲で生まれた浮浪児たちが駅にたむろしていたのと同じです。

その後、私たちが乗った東京に向かう列車は、広島を通りました。眠っていて私の記憶には残っていないのですが、近づくにつれ「広島だ」と車内にざわめきがはしったそうです。二歳上の兄はその光景を鮮明に覚えていました。

「何もないんだよ。ずーっと何もないんだ。原爆で広島が一瞬にして見わたす限りの焼け野原になった事実だけは、何かの形で知っていた人が大部分だった。だけど、その本当の現実は誰も知らなかった。みんなシーンとなった。呆然として窓の外の光景を見つめていた」

そういっていました。

『アサヒグラフ』報道写真の衝撃

一九四五年八月六日に広島、九日に長崎に原子爆弾が落とされ、壊滅的な被害をうけたことは、（当時私たち家族がいた）北京でも報道されていました。しかし、九月二日にミズーリ号での降伏文書調印以後、占領軍の厳重な検閲によって原爆被害の情報は徹底して隠されていました。そのため、原爆被害の実態が知らされることはなかったわけです。

投下から検閲が始まるまでの短い間に、原爆によって広島と長崎が壊滅的な被害を受けたということだけは伝えられました。また実態を目撃した周辺住民の口コミによって、情報はじわじわと広がっていきました。しかし、実際にどういうことが起きたのか、その具体的なイメージが伝えられることはなかったのです。多くの日本人が原爆被害の具体的イメージを知らされるのはそれから七年後のことになります。

講和条約が発効し日本が主権を回復した一九五二年（昭和二十七年）、検閲がなくなりました。するとそれまで公表を禁じられていた原爆被害の生々しい写真が写真週刊誌『アサヒグラフ』（八月六日号）に一挙に掲載されました。日本人はこのとき初めて、広島と長崎を知ったのです。

私はそのとき十二歳でした。家にあった『アサヒグラフ』を開いて生涯残る衝撃を受けました。

無残に焼け焦げた少年の死体、顔に被爆した女性の写真、水泡に埋め尽くされた皮膚。草一本なくなった焼野原。ありえない。言葉が出ませんでした。それはあまりにも劇的な体験で、今でもそこに掲載されていた写真の数々をすべて思い出すことができるほどです。

この二年後にアメリカがビキニ環礁で行った水爆実験で死の灰を浴びた青年が死亡する第五福竜丸事件が起こり、日本人にさらなる衝撃をあたえました。

大学時代に反核運動で感じたこと

大学生になった私は、原水爆禁止運動に参加し、ヨーロッパの反核運動に参加するようになるのですが、その原点となったのはやはり『アサヒグラフ』の衝撃です。この衝撃を世界に伝えたいと考えました。時は冷戦時代です。核をもって米ソがにらみ合っている。しかしそれでも、このあまりに残酷な事実を知れば核兵器に対する世界の考えは一変するだろう、これを伝えるのは唯一の被爆国に生まれた我々しかない——と考えたのです。

世界の反応は顔をそむけさせるところまではいったけど、考えこませるところまではいかない。メッセージ不足です。

これは現在でもそう変わらないでしょう。日本人が自然と持っている原爆被害の具体的なイメージが、世界には欠けています。彼我の温度差はあまりにも大きいといわざるをえません。たとえば、ハリウッドの映画ではあり得ないストーリーのもとに、たやすく核兵器が使用されています。

またたとえば、アメリカのスミソニアン博物館の分館には、広島に原爆を投下した爆撃機エノラ・ゲイが展示されていますが、それを見るだけで日本人なら大きなショックを受けます。しかも私が行ったときには、隣に桜花（爆弾とともに体当たりする日本海軍の特攻機。人間ミサイル）が置いてあり、日本は特攻しかできない、技術力のない野蛮国のイメージです。

もちろん外国でも、広島で何人亡くなったとか、抽象的な数字を知っている人は割合います。しかし、相当にこの問題に関心がある人でも、日本人のような具体的なイメージをもっていない。広島の原爆資料館にいって初めて実感できたという人もたくさんいます。

広島・長崎の被爆体験を世界に

原爆被害の具体的なイメージの差を埋めるにはどうしたらいいか。

実際に広島や長崎を訪ねてもらうのがなかなか難しいとするなら、たとえば、原爆資料館など世界の戦争博物館をオンラインで結んではどうでしょうか。ＶＲ技術による仮想ミュージアムをネット上につくる。すでに美術館ではウォークイン型のオンライン美術館がたくさん実現しています。これを原爆資料館でやればいいのです。

世界各国に戦争記憶を収録した戦争博物館がたくさんあります。それらをつないで共通体験させる巨大な仕掛けをつくろうという発想です。技術的にはすでに充分可能です。あとは費用と国家意思です。日本が金をだして世界に原爆資料館を広げると思えばいい。コンテンツはすべて広島と長崎にあります。広島・長崎にきてくれないなら、いまやネットの力で世界中に届けられるのです。

広島・長崎の原爆体験は、人類史の中で起きた非常に特異な出来事であり、すべての人間が記憶すべき体験です。こうした仕組みを通して私たち日本人は、原爆の記憶と、そこから得られる思いを世界にぶつけ続けていかなければなりません。

そのためにまず、どうして核兵器は禁止されなければいけないか、という根本的な問いに立ち返らなければなりません。戦争で通常兵器を使用するのは許されても、なぜ原爆はいけないのか？

核兵器がいけないと、大方の日本人は当たり前のように思っています。しかし、日本の常識は世界の共通認識ではありません。世界には、「広島・長崎への投下は正しかったし、第二次世界大戦の平和は核兵器の上に保たれたのだから、平和のために核兵器は必要だ」と考えている人がすくなくありません。

この問題はずっと議論されてきた問題です。しかし、いくら議論しても意見の対立は解消しません。とはいえ、私たちにできることはさらなる対話や議論を積むしかありません。

明治維新の年に非人道的兵器の禁止を決定

『軍縮条約・資料集』という本があります。この本はとてもいい本で、軍縮について過去に誰がどういう主張をしてきたか、すべてわかります。

それを読むと、私たちがまず参照すべきは、一八六八年のサンクト・ペテルスブルク宣言であることが分かります。

明治維新の年に、当時のロシア皇帝が国際会議を催して、「戦争では何をしてもいいのか?」という議論をしました。その結果、「戦争の必要が人道の要求に譲歩すべき技術上の限界」を全会一致で決定しました。

戦争でもしてはいけないことがある。「戦闘外におかれた者の苦痛を無益に増大しまたはその死を不可避ならしめる兵器の使用は、この目的の範囲を超える」だから、「そのような兵器の使用は人道の法則に反する」。

この宣言は原爆投下の八十年近く前のものですが、これ以降の議論の基礎になっています。毒ガス、細菌兵器の禁止もここからきています。

一貫して言っていることは、「人道にもとるほど残虐なことはすべきでない」ということです。つまりヒューマニズムの原則です。生きている人間を切り刻むとか、人間の生皮をはぐようなことは、いくら戦争であってもすべきではない。非人道兵器は用いるべきではない。

では原爆はどうか。広島・長崎の原爆資料館に行けばすぐ分かるように、これは非人道性の極致というべき兵器です。当然禁止されるべきです。

幸いにも広島・長崎後に核兵器は使用されませんでした。それにはいくつかの理由があると思います。たとえばマッカーサーは朝鮮戦争で核兵器をつかうべきだと主張しましたが、トルーマン大統領が許さなかった。広島・長崎に起きた惨害をアメリカの当局が知れば知るほど、それはあまりに「恐ろしくて使えない（使ったら世界中からごうごうと非難を浴びる）」マイナス効果絶大の兵器になってしまったということです。かといって、他国に使われるのも怖いから、対抗上、手放せない「使えないけど手放せない」兵器になったのです。

核兵器は使えない兵器となりました。しかし戦後どんどん大型化・強力化して、ツァーリ・ボンバという超巨大な水爆までできました。そして地球を何度破壊してもまだあまるくらいの量になったわけです。

一方で、ベトナム戦争の末期には通常兵器の極めて巨大な、破壊力としては原爆に比肩するような爆弾が使われ始めました。近年、アフガニスタンにおけるアルカイダ狩りしかり、通常兵器とはいえないほど強力な兵器が使われています。

そうした状況で、使われないけれど、世界には実際には核兵器がいくらでもある。第二次世界大戦の平和は、相互確証破壊（Mutual Assured Destruction, MAD）による平和です。つまり、ある国家が核兵器を使えば、必ず核兵器による報復がある。この恐怖の均衡によって平和が維持されてきた側面は否めません。しかしこれは文字通りMAD、狂気の世界です。

この狂った世界で、日本人は原爆被害の記憶を伝え続ける資格があるのです。

アメリカは核廃絶に向かうのか

今年（二〇一五年）初めの「ニューズウィーク日本版」（一月二十日号）が、戦後七十年を迎えて、二十年前の戦後五十年の際に同誌が載せた原爆投下の記事を振り返っていました。それによると、広島に原爆を落とした瞬間、エノラ・ゲイの機内にいた者は一瞬黙り込み、きのこ雲を目撃した副操縦士はペンを執って日誌にこう記したそうです。

「ああ、われわれは何をしてしまったのか」

原爆投下チームは事前教育で、それほど恐ろしい爆弾であることを知っていたのです。そして世界初の原爆投下者としての誇りとともに若干の心の痛みも感じていたようです。さらに二十年前の記事によると、当時のアメリカの指導者間で原爆投下の是非について慎重に論じたことはなかったということです。日本の降伏を早めたなど、原爆投下を肯定的にとらえる意見も後に出てきますが、それは全部後付けの理屈に過ぎなかったようです。

核廃絶に積極的な姿勢を見せるオバマ大統領が就任した後の二〇一〇年（平成二十二年）、ルース駐日米国大使が広島の平和式典に初めて出席しました。するとエノラ・ゲイの機長の遺族がこれを強く批判しました。アメリカの基本的考えは、誤りを犯したのはあくまで戦争をはじめたのは日本であって、アメリカのやってきたことは原爆を含めて正当なのです。

いま大きな流れとしてはアメリカも核廃絶の方向を向いていますが、まだまだ実現は難しいでしょう。

憲法九条とカナダの核廃絶運動の成功

戦後七十年間、日本は戦争をしなかった、戦争に巻き込まれることがなかったわけですが、これほど長い間戦争をしなかったのは、日本の歴史において稀有なことです。それがなぜかといえば、やはりあの原爆の惨禍と、敗戦のショックが大きく影響しているのは間違いないでしょう。

一九四五年（昭和二十年）、日本人は人類が経験したことのない犠牲を払い、同時に価値観の大きな転倒を経験しました。その大きなショックが、戦後の日本を突き動かしてきました。

憲法九条は押し付けられたものであると批判を受けてきましたし、現在の安倍政権は解釈によってこれを変えていこうとしています。しかし、この七十年間、九条に則る形で日本が戦争をせずに平和を維持してきたことはまぎれもない事実です。憲法九条は空想的ともいわれますが、その九条をリアルな政治的現実と結び付けてきたのは、押し付けたアメリカの道義的責任の自覚（九条を守る日本を守ってやらねばならない）と日本のそれをよしとして受け入れる政治的選択の結合といえます。

憲法九条は、一方的な戦争の放棄です。他国と交渉したり、何かと引き換えに放棄したわけではなく、ただ一方的に放棄した。軍縮交渉というのは二国間であれ多国間であれ、非常に難しく時間がかかるものです。まして恐怖の均衡をもたらしてくれる核の場合、その軍縮は、きわめて難しい。

日本ではあまり知られていませんが、核廃絶において憲法九条と似たことを市民パワーで成し遂げた国がカナダです。核軍縮を成功させたのは、日本（持ちうる能力がありながら持たないと宣言）とカナダだけです。

いうまでもなくカナダは隣国アメリカと深い関係にあり、国際政治の場面ではしばしば一心同体でした。

そのカナダに、冷戦下の一九六三年、アメリカの核が配備されました。しかし、アメリカを狙う核ミサイルをカナダ上空で迎撃すると、カナダに被害が出ます。市民による反核運動が巻き起こりました。それは次第に支持を広げ、やがて国会で多数派となり、二十年後には核を廃絶することに成功したのです。ちなみにこの運動には私がヨーロッパの原水禁運動を通じて知り合った人々が中心的に参加していました。

カナダはアメリカやその他の国と交渉して核をなくしたわけではありません。ただ一方的に核を廃絶しました。他国と交渉しての核の廃絶は無理で、一方的にやるしかないんです。カナダの運動は非暴力、直接行動というガンディーの手法で行われました。

カナダの経験が我々に教えてくれるのは、こうした運動が国民の意識を変え、国の方向をも変えていくことができるということです。

日本では時々、核武装論が取り沙汰されることがあります。

ある意味で核兵器は使えない兵器と化してしまったわけですから、使えない兵器を持っても仕方ないでしょう。誤解を恐れずにいえば、日本が唯一の被爆国であるということは国際的に大きな政治的パワーをもたらしました。核に関して日本の発言が無視されることはありません。他のどの国も、被爆体験を背景に語れないわけですから。その政治的パワーを捨ててまで、日本が核武装することに意味はありません。

ここで触れておきますが、福島の原発事故以後、原爆と原発を同一視して邪悪なものとする人が増えています。しかしいうまでもなく、原爆と原発はまったく別物です。長崎では被爆した永井隆医師が『長崎の鐘』で書いているように、核エネルギーは「善用すれば人類文明の飛躍的進歩となり、悪用すれば地球を破滅せしめる」のです。核の平和利用は、被爆体験とは峻別して考えるべきです。

香月泰男の「黒い屍体と赤い屍体」論

私はシベリアに抑留された画家の香月泰男さんの体験をしばしば例にひきます。

満州でソ連の捕虜となった香月さんはシベリアに向かう列車の中から、線路脇に転がった日本人らしき屍体を見ます。満州人の怒りを買い生皮を剥がれたのか、その屍体は赤茶色をしていました。やがて日本に帰ってから、香月さんは広島の原爆で真っ黒焦げになった屍体の写真を見た。

赤い屍体と黒い屍体。戦後の日本人は黒い屍体ばかりしか強調してこなかったか。戦後二十年間、黒い屍体は語りつくされてきたが、「戦争の本質への深い洞察も、真の反戦運動も、黒い屍体からではなく、赤い屍体から生まれなければならない」（「私のシベリア」、立花隆『シベリア鎮魂歌――香月康男の世界』所収）。この問題意識は、現在もなお私たちに突きつけられていることを忘れてはいけないでしょう。

戦後、家族と共に北京から引き揚げた私は、茨城県水戸市で小学校に入りました。二歳上の兄は、黒塗りの教科書を使ったそうですが、私は新しい教科書でした。皇国教育から戦後の民主主義教育へと、我が国の教育システムは、大きく変わっていった時代です。教師も特攻隊あがりがいたり、シベリア抑留の経験者がいたり混沌としていましたが、戦後教育を受けた第一世代として実に面白い経験をしてきました。

戦争と敗戦後の記憶を書き残す提案

先日、小中学校の同窓会があって出席すると、あたりまえですが、みんな私と同じ七十五歳くらい。後期高齢者になって、もうちょっとで死にます（笑）。

同窓生に聞くと、みんなが一様に戦争の記憶として語るのは、一九四五年（昭和二十年）七月にアメリカの戦艦が近海に来て日立や水戸に大量の艦砲射撃を浴びせ、町の大半が炎上したこと。八月大空襲も当時五歳くらいですが、みな非常にリアルに戦争体験を語っていました。それは戦争体験者が消滅しつつある今、語りつがなければならない極めて貴重な歴史の証言です。

喜寿まであと二年くらいあるから、その記憶を集めて戦争と敗戦後の社会の大変化について我々世代の記録を残してはどうかと提案したら賛同を得て、すでに何人か体験談を送ってくれました。

「ヒロシマ・ナガサキ」だけでなく日本中にあの戦争の記憶がゴロゴロ転がっているんだと思いました。

立花隆講演録

「考える」とはどういうことか

大学教育学会統一テーマ：ところで学生は本当に育っているだろうか？

（二〇一五年六月六日　長崎大学中部講堂）

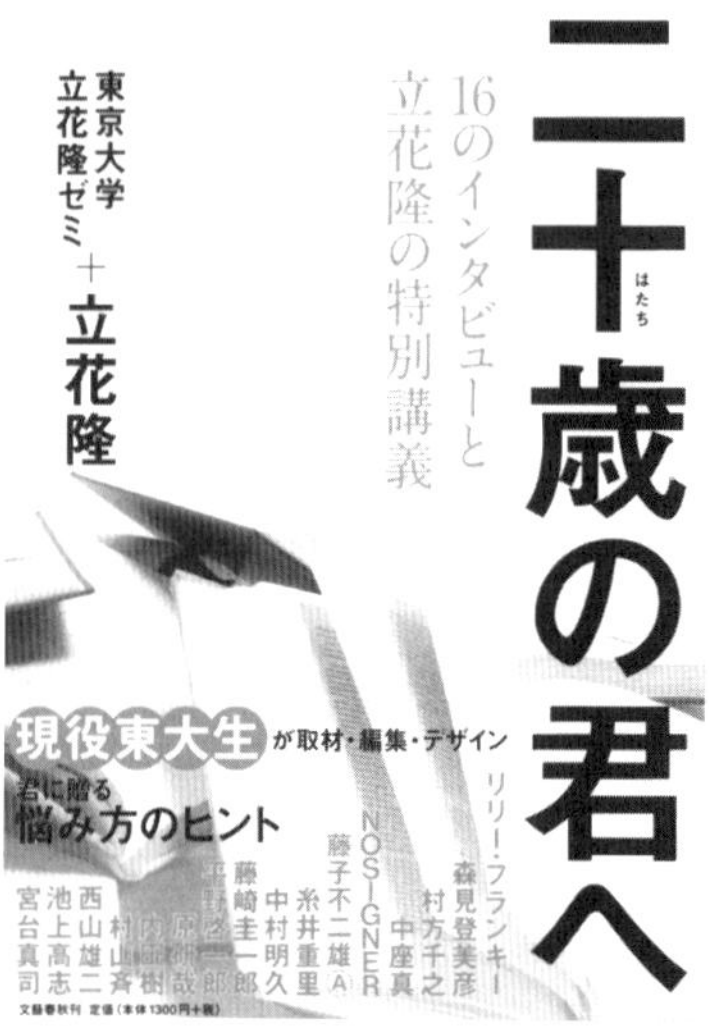

75歳の翁から20歳の君へ

はじめに

ご丁寧な紹介をうけましたが、つい数日前、私、七十五歳になりました。七十五歳というのは還暦とか、そういうときと比べるとずいぶん年が離れているのですね。黒井千次さんという作家の方が、しばらく前に自分が老年になったことについて書いていて、老年になるということはどういう

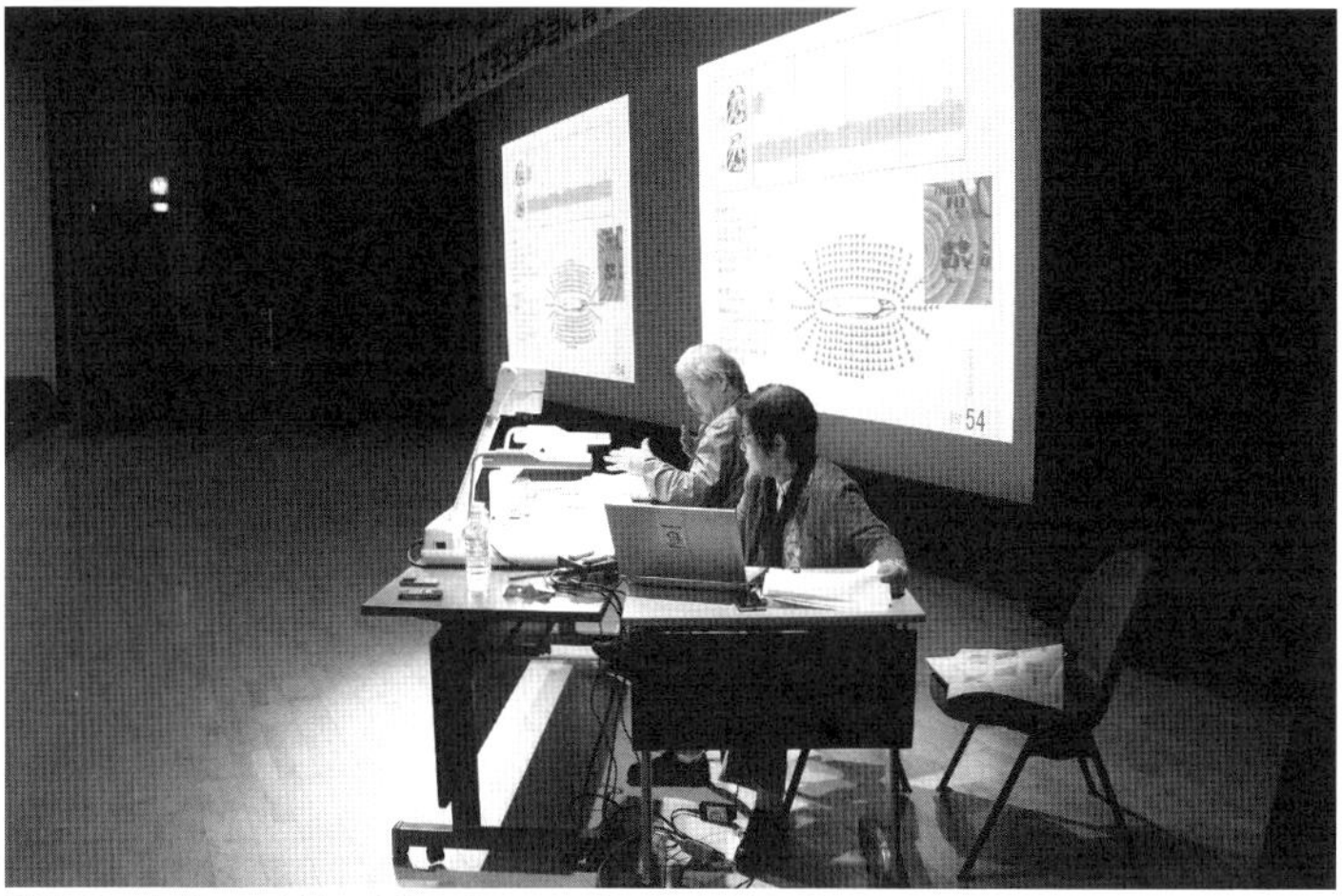

講演する立花さん(奥)、手前は菊入さん(長瀬雅彦撮影)

ことかというと、毎日が初体験の日々がつづくという、そういう表現をなさっていました。実感としてなるほどそうだという気がします。七十五歳にもなって、こういう大きな会場で若い人たちを前にして、いろいろ話すということは、生まれて初めての体験となるわけです。

石器の作り方で脳の進化がわかる

今日はまず、皆さんにお配りしてある資料のなかに、私が配布するようにということで配った資料がありますが、まずこの説明からはじめたいと思います。

これは、右のはじっこにある『図説人類の進化』という本からとったものです。これはどういうものかというと、これのA、Bですね。そこに数字が入っていますね。これが何かというと、つくった人はネアンデルタール人とか直立原人とか、それからクロマニョン人っていうのは、いわゆる我々の直接の先祖ですね。その人たちがつくった石器です。

　石器は、大学によっては学生に自分でつくらせるという演習があるところがあるのですが、私はそういうところに参加して自分で石器づくりを体験したこともあるのです。そうするとこういうものをほんとうにつくるのです。図に矢印みたいなものがありますが、そこに、こののみの先みたいなものを入れて、たたく。それを何度かやると石器ができていくわけです。それでそこに数字がありますね。これ（図①）は二十センチ、これは百三センチですね。これのもうひとつのものはもう少したたくのが多いです。これ（図②）はそこにあるようにAのほうが一メートル、それからこちらが（B）十二メートルです。これはどういうことかというと、石器をつくった結果として石のはじっこで、ものを切れる刃の部分がありますが、その刃《やいば》の刃《は》の部分がどれだけかというそういう数値なのです。直立原人のつくったものは、脳も小さいし、手もあまり器用ではない、つくるもの自体が非常にプリミティヴなものですから、この人は二十センチの刃しかつくれないわけです。これはネアンデルタール人のものです。

　この下の長いのがクロマニョン人です。我々はクロマニョン人の子孫です。それで、ネアンデルタール人は、この前の絵にありますが、これだと直立原人よりははるかにりっぱな石器をつくったようで、この新しい時代のクロマニョン人と比べると圧倒的に長さがち

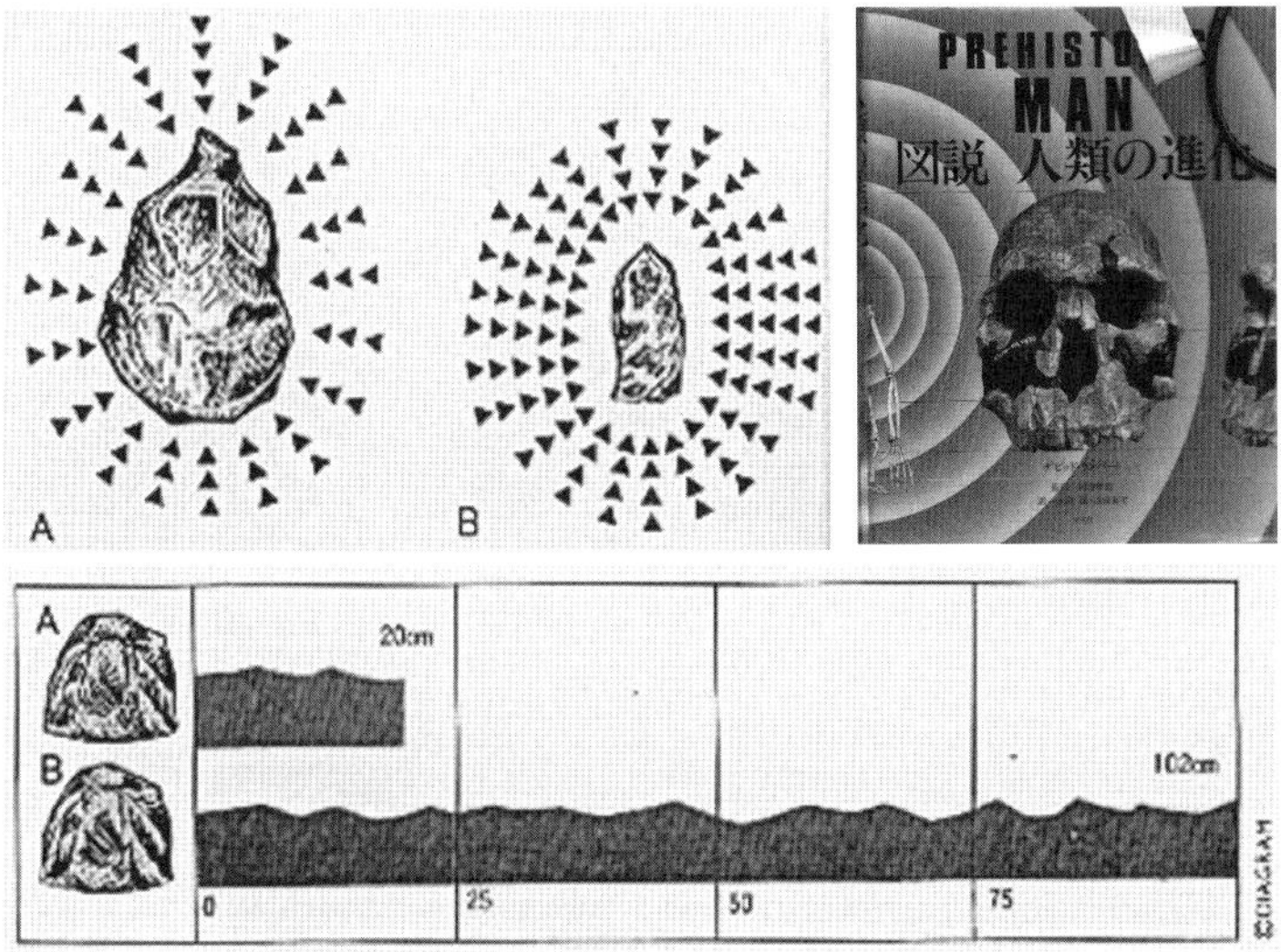
A
B
PREHISTO
MAN
図説 人類の進化
A
20cm
B
102cm
0
25
50
75

図①

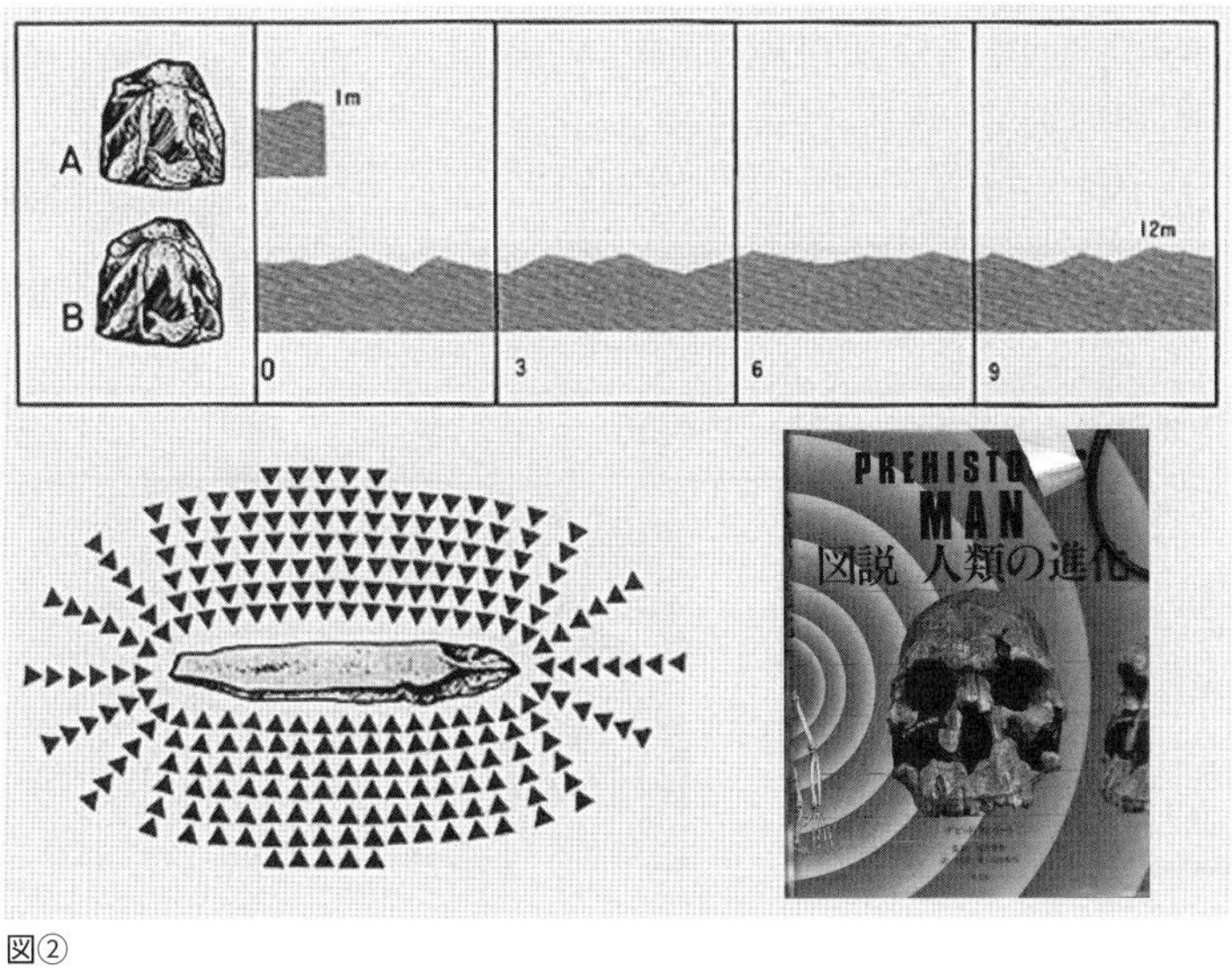
1m
A
B
12m
0
3
6
9
PREHISTO
MAN
図説 人類の進化

図②

東大講義　人間の現在①②

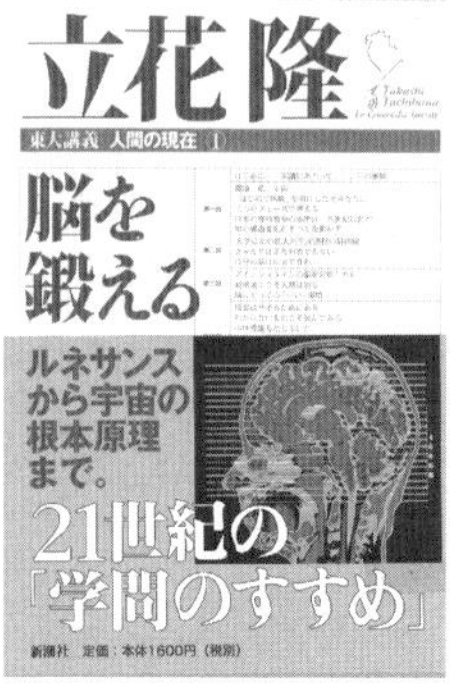

2000年

2015年（予定）

2004年

がうわけです。これと比べると全然ちがうわけです。このことが何を示すかといえば、要するに我々人類は、いま生きている我々は、このクロマニョン人の子孫であって、我々の、もっと古い、ネアンデルタール人とか直立原人などと比べると、圧倒的に脳が大きい。脳が大きいというのはどういうことかというと、手先が器用で、かつものをつくるという作業が圧倒的にすぐれた能力をもっているということです。

『進化のコスモロジー』

『人類の進化』という本はわりと有名な本で、これを読むと本当にいまいる我々ともっと古い時代の人類の祖先とはものすごく脳の程度の差があるのだということがわかるいろいろな事例が書かれています。この刃の長さを比較してもそれが簡単にわかると思うのですが、そういう感じで、もう一枚配布資料があるのですが、それが字だけの資料で、これが何かということを説明すると、これは要するにこの本の一部なのです。この本は何かというと、実はまだ世の中に出ていません。ということは、どういうことかというと、この左のほう、この二冊、これはすでに本になって、いまでも本屋で買えます。

これは二〇〇〇年、二〇〇四年ですが、その頃に出版しました。そのなかに書いてあるのですが、この後この本は全部で五巻になる予定であると書いてあります。実はこれ一巻で終わっています。その次の第二巻は、タイトルだけここにあるように『進化のコスモロジー』とついていますが、実はこれはまだ本になっていないのです。なってないけれども原稿は本屋に入っています。今年の暮れ(二〇一五年)には間違いなくちゃんとした本になって、マーケットには出てくるということになっています。

七十五歳で気づいた未完成の本

実はずいぶん前に全部で五巻にするということを宣言しながらマーケットに出てこなかったのは、ひとつは僕が勤勉ではなかったということもあるのですが、本を書くということは結構たいへんで、続けていろいろな本を出していますと、こっちの本のこの段階をやっていると、その次の本はないがしろになるという、そういうことの連続でこういう状態になっています。

それで七十五歳という年になって何をいちばん考えたかというと、まだこの本を出すぞと宣言して書いていない本があるということに、ずいぶん気がつきまして、それを少なくとも息があるうちにやらなきゃならんということを真っ先に考えまして、それをしばらく前からはじめているわけです。

『東大講義　2進化のコスモロジー』というのがいまいった本になるわけです。

というようなわけで、まだそう簡単には死ねない。いろいろ、仕事の予定がつぎつぎにあるというようなことになるわけです。

脳の複雑回路から意識が生まれる

それで、先ほどの配付資料に出てくるピエール・テイヤール・ド・シャルダンという人のことを話します。この人がどういう人かというと、誰でも知っている北京原人の発見者です。いろいろな人類の祖先を調べていくと、どこかで北京原人にいきつくのですが、北京原人の骨を見つけて、「これはとんでもない骨だ」といって、「北京原人」と名前をつけ

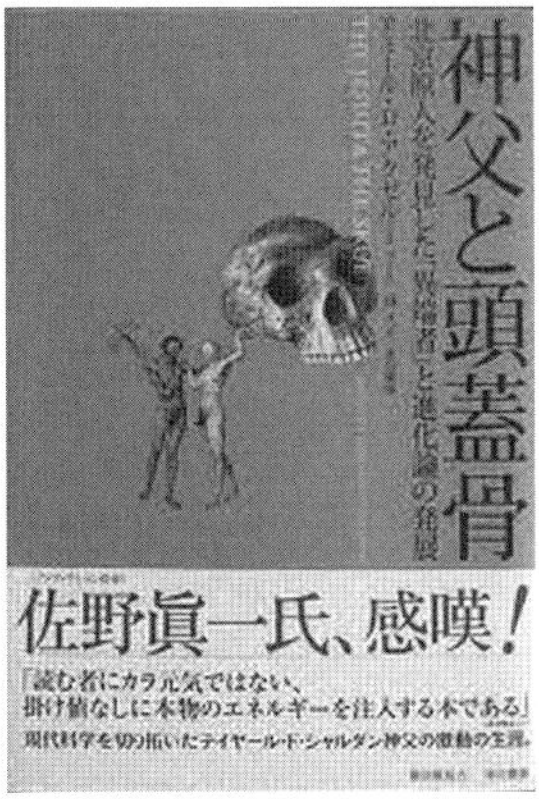

ピエール・テイヤール・ド・シャルダン（Pierre Teilhard de Chardin, 1881年5月1日 - 1955年4月10日）。フランス人のカトリック司祭（イエズス会士）で、古生物学者・地質学者、カトリック思想家

たのはこの人です。だからこの『神父と頭蓋骨』という本は、まさにその発見の経緯を書いたものなのです。それよりもこの人は同時に古生物学者、地質学者である以上に、カトリックの司祭、カトリック思想家という側面もあるのですが、要するに進化論学者なのです。

この人の本はずいぶんありまして、僕自身がもっている本だけで七～八冊あります。進化論などについて述べようと思ったら、まずこの人の本にさかのぼって、進化論というものの基本思想はどうなっているのかということを調べなくてはということになっています。

ですからこの本、『進化のコスモロジー』という本も、テイヤール・ド・シャルダンの思想をいろいろな角度から再検討するという書き方で話自体は進んでいきます。この人が最近非常に注目されるのは、私が去年ＮＨＫで「人が死んだらどうなるか」みたいなタイトルの番組をつくりました。その番組のなかでテイヤール・ド・シャルダンのことを話しています。何を話したかというと、人間の意識、すべての人が意識をもっていますよね。私は意識がありません、という人は死んでいる人です。みな意識はもっているわけです。意識があるということが人間の証なのです。でも意識というものがどうやって、どのように生まれるのかという、その非常に簡単なことが実はわからないのです。つまり、意識というものが、人間の脳のはたらきを考える上で最大の謎なのです。

ですから、かつては脳の研究者といえども、意識の問題は難しくてとてもできません、というのが常だったのですが、相当の学者でも、うかつに飛びついたら何年にもわたって論文一個もかけないみたいなことになるから、意識の問題にはみな触れない。なんとなくわかっているようで、なんとなくわかっていないままの状態で謎のままにしておく。いまでも基本的には脳の本というのは、意識をきちんと書いた本はありません。その意識の問題について相当のレベルまで、つまりしばらく前まで、これがいちばんではないかということを書いたのが、先ほどのテイヤール・ド・シャルダンなのです。この人が何を言ったかというと、「複雑性意識化の法則」という説を唱えた人です。

つまり、脳というのは神経回路ですね。それで、神経回路がどんどん複雑になる。その複雑性があるレベルに達するとそのとき意識というものが生まれる。それで、その先どうなるか？　さらにこの神経回路というのはどんどん育っていけばさらに複雑になるのです。そうなったときにいったいどのような意識が生まれるのか？　意識の問題というのはそもそもこの世界の形而上学というか、そういう面でどういう意味をもつのか、みたいなことがいろいろなこと、というのは当てにならないことをいろいろいう人がいます。しかし、ちゃんとした説というのがない状態のなかで、テイヤール・ド・シャルダンは「複雑性意識化の法則」という法則を古生物学に基づいて、つまり、北京原人など古い人類の祖先の研究の上に初めて打ち立てた、そういう人です。

それがはたしてあっているかどうかというのはまだわかりません。つまり、人間の意識の元は何であるか？　何がどうなって意識というものが生まれるのか？　そこのところは脳の最大の謎としていまでも謎のままにあるということです。

動物の進化の歴史は脳の進化の歴史

ただ、先ほどいいましたように、人間の脳が発達すると、古い人間の脳というか骨とかを調べて行くと、その古い人類の脳の重さがどれだけであったか、とか脳の大きさがどうであったかとか、そういう古生物学的な細かいことがどんどんわかってきているわけです。

そうすると、形態学的な発見から先ほどことばに出てきたような複雑性意識化の法則的なものが確かにあるのではないかということはいわれていますが、それ以上はわからないというのが、いま現状で続いています。

皆さんにお配りした『進化のコスモロジー』、これは私が書いた先ほどのつぎに出る本の一部をここに引用しています。

それで、頭に何が書いてあるかと言うと、人と動物はどこがちがうのか？　その脳のはたらきからここがちがうのだということをいっているわけです。それをテイヤール・ド・シャルダンの説に基づいてこういうことがいえる、というようなことを書いてあるわけです。この二段目の第二段落のところは人間の脳も、すべての生物というのが結局はＤＮＡの進化の過程として現に生まれるわけです。ＤＮＡの変化以外にその生物の歴史的な変化というのはいえないという状態にある。だけれども、どうなったらその進化がそのＤＮＡの変化として現れてくるのかというようなことはまだわかっていません。でも、ある程度のことがいろいろいえるわけです。それで、そのわかっていることを書いた次の本の一部がこれになります。

結局、動物の進化の歴史は脳進化の歴史であるという。このあたりもすべて動物の解剖とかでいえるわけです。ここにある複雑性意識化の法則、これは先ほど私が話したことにあるわけです。

自分が考えている内容を話せるのは人間だけ

先ほどいいましたように、動物と人のどこがちがうかというと、考える能力が圧倒的にちがうわけです。いちばんちがうことは何かというと、自分が考えている、何かについて考えているということを人間は知っているわけです。そういう、「おれは何とかについていま考えているぞ。ただいま現在考えているぞ」ということを動物がいえるかといえば、いえません。自分がいま何とかについて考えているという、自分が考えていることの内容を話せるのは人間だけです。それで、動物はそういうことができない。

では動物は何の考え事をするのかといえば、それは実はパターン化した脳になって、決まり文句的な思考内容しかできない。つまり、自由な思考、自由にこのことについてこう考える、みたいな自由な思考ができるのは人間だけである。さらに、それも自分一個の脳だけではなく、今度は、ある集団の人間の知能を集合してあるものをつくるとか、あるいはある社会をつくるとか、そういう脳を使って新しい社会というものをつくり出すみたいなことができるのは人間だけだというようなことが本に書かれています。

スピノザ「世界を永遠の相の下に見よ」
ジュリアン・ハックスリー
「世界を進化の相の下に見よ」
「万物は進化する」
「生物は進化する」

非生物も・人工物も進化する
(船・飛行機・車・パソコン・携帯､､)

「世界を進化の相の下《もと》に見よ」

今日はもう少しちがう話をしようと思います。

この前、長崎を含む北九州一帯のいろいろな遺跡を総合して、新しい世界遺産がＵＮＥＳＣＯから指定されたということはみなさんご存じのとおりです。その世界遺産的なものを最初に提示したのはジュリアン・ハックスリーという人です。この人は進化論の学者です。この人は「世界を進化の相《そう》の下《もと》に見よ」という有名なことばを言っています。

つまり、この世の中は、人間は進化してここに来た。動物もいろいろな進化をして、古い動物から新しい動物、恐竜などからちがう動物が生まれたというように進化してきた。それだけではなく、人間の場合は人間が作り出すもの自体が進化している。たとえば携帯電話にしても、携帯が生まれたばかりのときはすさまじい形態でした。重くてたいへんでした。いまはだれでもポケットのなかに入れている、そういう携帯になっています。それは人間が作り出すものが進化するというう時代になっているからです。ですから、人間の活動内容はどんどん進化するというそういう時代にいま入っているわけです。ここに書きましたように、非生物も人工物もみな進化する。こういうものは全部進化しつつあります。

だからこの世の中というのは、ほとんどあらゆるものがつぎつぎと新しい製品、新しい商品を生み出すという万物進化の方向にずっと来ている。世界も進化の相の下に見ようというのはそういうことなのです。進化という観点から世界を眺めなおすと、いままで考えていた以上に新しく世界をいろいろ眺めなおすことができるということが、これです。

いったん「進化の相の下に」世界を眺めなおしはじめると、今度は二度とちがう目で同じ時代のことを眺めることができなくなります。いったん、そういう目でこの人間の歴史、あるいはある商品の歴史、あるいは経済の歴史、その他を見ることを覚えると、すごく物足りない見方しかできなくなります。ですから、「世界を進化の相の下に見る」ということのアイデアというのはものすごく大きな発想の転換で、実は先ほどのテイヤール・ド・シャルダンがいつごろ死んだかというと、アインシュタインとほぼ同じ時期に死んでいます。そのときにジュリアン・ハックスリーがユネスコのヘッドをやっていましたから、ユネスコ主催でアインシュタインとテイヤール・ド・シャルダンと、このふたりの二十世紀の偉人をコメモレイト（記念）する。このひとたちのこれまでやってきたことを皆で集まって語り直そうという一大国際シンポジウムを開きます。で、その国際シンポジウムがまるまる一冊の本になっています。これは古本屋に行けばいまでもあります。

そういう風に彼は、サイエンスというのは物理学的なものと、生物学的なものとものすごく内容的に差がある。そういう世界に我々は住んでいるわけです。

そちらのほうにおいては、この万物は「進化の相の下に見える」という発想のもとにたつこのジュリアン・ハックスリーが国連の、ユネスコのヘッドをされているときに、じゃあ皆で最高の世界の頭脳が集まって、そのことを議論するそういうシンポジウムを開こうと声をかけると、たちまちその一大シンポジウムが開かれたという歴史があるわけです。

「考える」ときは脳のニューロンが動く

今日は、個々人にとって、ものを考えるとかそういうことがどういう意味、あるいは重要性をもつのか、そういう話をしたいと思います。ここには比較的若い人が多いから、これは非常に重要なことなのです。若い人にかぎらず、実はすべての人の脳が未完成なのです。いまもあなた方の脳は現に先ほどのことばを使えば進化、つまりもう少しちがうことばを使えば、ある種の進歩をとげつつある。すべての人です。これはどういうことを示し

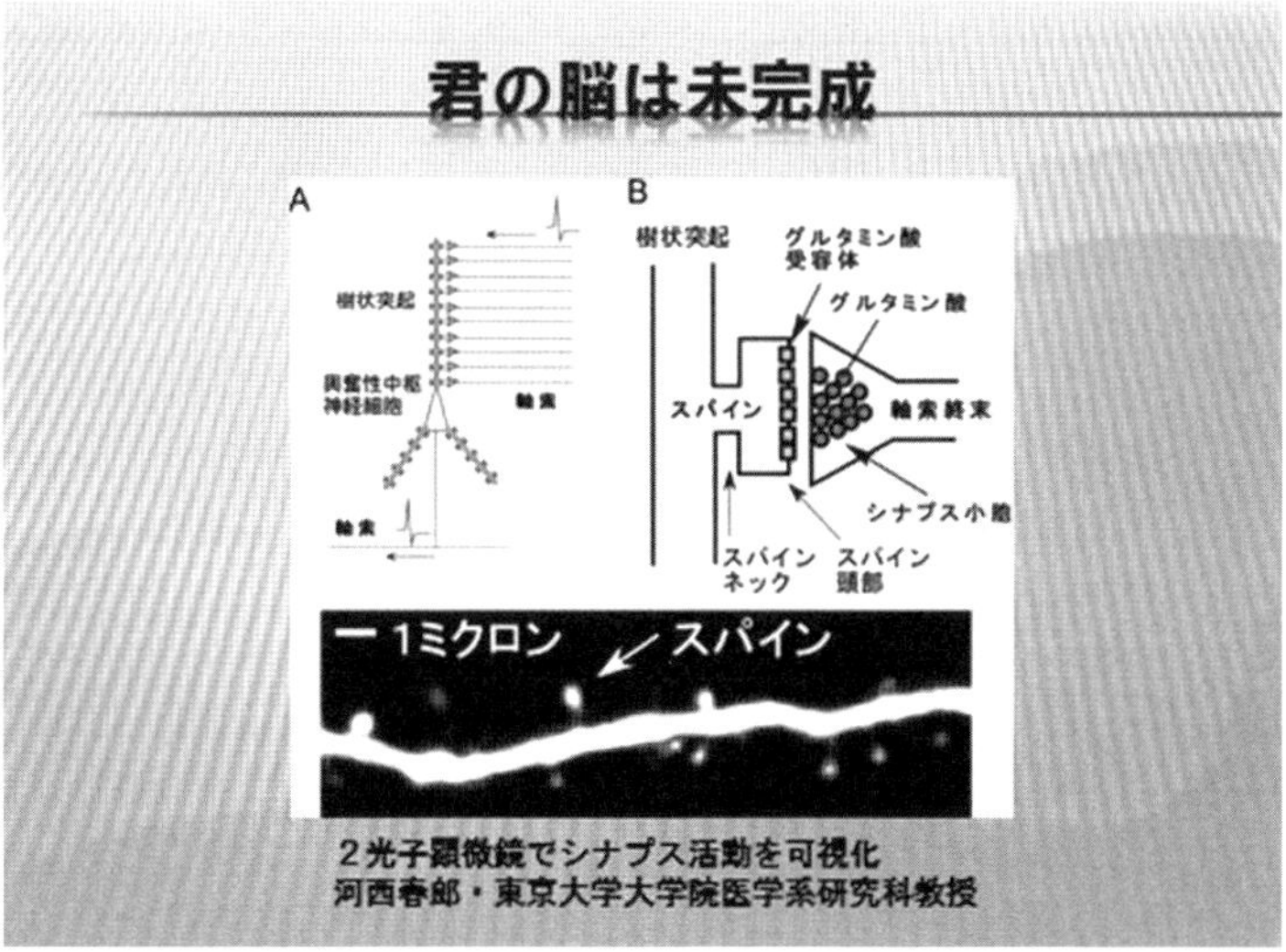

ているかというと、脳の神経細胞というか、いわゆるニューロンという神経細胞のかたまりなのです。一個一個のその人のニューロン、何十億とあるわけです。その人たちのニューロンがすべて、毎日すべての体験を契機に変化するわけです。

皆さん、そこに座って私の話を聞いていますね。で、この話を聞いたら、その話を聞くという行為を通じてその人の脳は変化しています。どういう風に変化すると、これは2光子顕微鏡でシナプス活動可視化、というとわかりにくいかもしれませんが、2光子顕微鏡という非常に特殊な顕微鏡があります。それでこういう細胞レベルの、つまりニューロン一本がこういうふうに見えるのです。それでニューロンが変化する、変化するというのは具体的にどういうことかというと、ニューロンの上にポツポツの、木の切り株みたいなものができる。それを通じて隣のニューロンと信号をやり取りする。そういうものが無数にある。

これをシナプスといいますが、シナプスがどれ位あるかというと、もちろん人によってちがいますが、神経細胞は何十億とか何百億といわれますが、実は正確にはよくわかっていなくて、一千億ともいわれるのですが、これはそういうものから出てくるニューロンが隣のニューロンに伸びていてそこをつなぐ、そこのところをシナプスといいます。そのシナプスがどうなっているか？　そこに脳のいちばんの秘密があるらしいということがしばらく前からわかってきて、そこをなんとかウォッチすることができないかということで、初めて発明されたのが、この2光子顕微鏡です。

2光子顕微鏡でニューロンが見える

これは光を二つ使って見る対象を立体的に見るという非常に特殊な顕微鏡です。それがこの神経細胞、つまりこのニューロン一本の、ほかの神経細胞とこの回路をつないでまさにはたらく脳そのものをつくるという、いってみればこういう感じになっている、ここのところです。ここのところの、スパインというのはここのところです。それで、これはシナプス手法といっている。先ほどいったシナプスというのはここにこうできて、その間で信号のやりとりをするその場所そのものです。そこのニューロン一本の上にこのスパインが無数にあってそれがしょっちゅう信号をやり取りして、どうなるかというと、ニューロン一本一本が何かを体験する。ものを見る。聞く。あるいは考える。そういうことをするたびにニューロン一本一本が変化します。その変化するさまがこの2光子顕微鏡を使うと見えます。どれくらいのサイズで見えるかというと、この長さを一ミクロンとするという、そういう感じの大きさで見えます。そうすると、それぞれ見ていると、生で生きている人間を観察的に見る、それはまだ危険で許されていませんので動物実験になるけれども、そうすると、動物に何かやらせて、その脳に中身を2光子顕微鏡でこの部分を見る。なかに特殊な鏡を入れるわけです。そうすると、何かをするたびにその動物のニューロンがほんとうに、行動のたびに変化するのがちゃんと見えるのです。これがいま動画で見えます。

ですから、実験用の動物をあるところで走らせて、その動物に、たとえば迷路を走らせるとか、あるいはある課題を与えてあることをトライさせるとか、そういうことをするたびに、その動物の、その役目を担っている、脳のニューロンが変化します。変化するところがいちいち見えるのです。

この延長に何がいえるかといえば、今のところは動物実験だけです。これが、動物実験をしながら、実験をしている最中にその変化のさまを2光子顕微鏡で見てそれを動画にとるみたいなことがおこなわれています。その延長の部位には今度は、「じゃあ、人間もがんにならないようにするようにやってみよう」みたいなことになって、人間の脳がどういう風に変化して、人間の脳がやるということは、ほんとうに、とてつもないことをたくさんやっているわけです。でも時間的にもう瞬間、瞬間、それをやっているわけです。それを全部見ちゃおうということができる日がそう遠くない日を我々は可能にしている、そういう時期です。

人間は刻一刻、脳を育てている

加西春郎《はるお》という先生は東大の基礎医学の先生で、私が何度もお会いして、いろいろな話を聞いていますが、この人の話は聞けば聞くほどおもしろい。いずれ、ノーベル賞クラスの国際的な賞をもらってもまったく不思議ではない。しばらく前に私は、日本のサイエンティストはすごいぞ、みたいな本をかきましたが、そういう人のなかに必ず登場するような人です。

いまの皆さんひとりひとりの脳がまったく未完成なのです。だから、毎日あなたの脳は育っているのです。毎日どころか、何か行動・行為をする、あるいは何か考えごとをする

発達期の脳

・シナプス過剰発生　—　過剰発火
　– 幼児⇒ひきつけ
　– 青年期の脳にも起こる

↓

脳内ひきつけ
各種不適応現象

シナプス刈り込み・時間をかければ治る

たびに、要するに脳細胞がはたらくのです。そうすると、そのはたらきに応じて、脳細胞は変化してくるのです。だから、人間というのはすべての人が刻一刻、脳を育てるという行為をしているのです。

　そういうことが脳科学の世界ではじめてわかってきているわけです。それで、子どもが引きつけという現象をおこしますね。過剰に脳細胞がはたらいて、そのシナプスの連結がうまくいかなくて、震えたりする、そういう現象が引きつけです。あれと同じ現象が青年期の脳にもおきます。大学生のなかに精神症状がちょっと乱れておかしな現象をおこすみたいなことはそれと同じことです。脳内で引きつけ的な不適応現象がおきる。それがシナプス過剰発生。

　要するにこういうものが神経細胞一本一本の上につぎつぎにできていくというのが、ほんとうに

人間の肉体が、その人が過去に食べたもので構成されているように、人間の知性は、その人の脳が過去に食べた知的食物で構成され、人間の感性は、その人のハートが過去に食べた感性の食物で構成されている。

（思索紀行より）

見えるのです。それを見ているとシナプス過剰発生というのがほんとうにおこるのだというのがわかるわけです。そうすると、人間の脳というのは必ずしもそれに順応しきれないと、非常に不適な現象、それであの人少しおかしくない？　みたいなことをいわれるような行動をとるような人間が生まれるみたいなことがおきる。そういう問題がいま、だんだん脳科学の発達とともにわかってきています。

それで、私が非常に重要なこととして若い人に言いたいことは。いちばん上は人間の肉体、二段目のところは人間の知性、三段目のところは人間の感性です。

肉体も実は人間の脳がはたらかせていますから。要するに人間のからだ、心身のすべてが脳によってコントロールされているわけです。それが、その人が取り入れたものによって、その脳が食べたものによって、人間の知性はその人の脳がそこに食べた知的食物で構成され、感性はその人のハートが過去に食べた感性の食物で構成される。そういう風に肉体はもちろん、別の意味でそうですね。人間というのはすべてがその前に、まずその人の前の人生において脳が食べた食べ物によって育っていくという、そういう基本で、脳が食べたものによって育つということ、要するにこのことなのです。

だから、皆さんの脳のなかのニューロンの神経細胞の一本一本でこれが実はそれまでなかったものが新しく生じたり、それが、数が増えたり、へったり、いろいろなことが起こります。これはほんとうに2光子顕微鏡でこれをウォッチすると、人間の神経のなかというのはこれほど瞬間・瞬間で変わるのかというびっくりするような現象がおきます。

豚を食べれば豚になる

昔から有名な英語で、you are what you eat ということばがあるのですね。あなたは、あなたが食べるところのものである、という英語の直訳はそうなりますが。要するに別の言い方をすると、カエルを食えばおまえはカエルになるぞ、野菜を食えばおまえは野菜になるぞ、みたいな。要するに人間がものを食うと、その食っているものにその人がいずれ変化するという、そういうことを英語で you are what you eat。おまえが豚を食えばお

君が何を食べたか言ってみたまえ。
君がどんな人間か当ててみせよう。

ジャン・アンテルム・ブリア＝サヴァラン

まえは豚になるぞという、それ的な表現です。これはよく使われる英語です。それで、ほんとうに豚になるわけではないですよ。野菜になるわけでもない。

だけど、その人の知性・感性が何を食べるか？　それによってその人はほぼ人間が刻一刻変化していくという、そのことが若い人が知っておくべき非常に重要なことである。とくに二十歳くらいの人はそれがものすごく顕著にあらわれるのです。

つまり、脳が変化することを脳の可塑性と言います。それはその人の脳のなかの配線が変わるということです。その変わり方はその人の年齢によって、その可塑性が上がったり下がったりする。そういうことが起こります。

20代前半までの脳波

・成人脳波ではない
・脳の可塑性＝あらゆる脳内配線が
　　　　　　　どんどん変化していく

・20代前半⇒30代前半。まるで別人になる。
・情報処理能力急速発達

ここにいらっしゃるのは長崎の人が多いから、とくに大学生くらいの年齢で非常に起こりやすいです。実はもうちょっと前に起こります。赤ん坊にはもっと大きな変化があらわれます。でも赤ん坊の変化というのはその人の運動神経のはたらきを示す、そういう部分の回路です。それからあるいは言語機能を表す、そういうところの機能を表す、そこの心技回路が変わるわけです。

しかし、二十代前半つまり、皆さんのかなりの部分がそうだと思いますが、そこで変わる脳の基本回路というのは、ここに書いてあるように、まるで別人のようにその人を変えます。僕なんかはいろいろな大学でいろいろな学生といろいろな形でつきあって見てきましたから、ほんとうにこれは事実問題としてある。皆さんくらいの年齢で一年、二年経つうちに、あっという間にその人の性格、あるいは機能、それからもっているものの考え方とか基本的な性格とか、そういうものがほんとうに劇的

自分の脳を育てるのは自分自身

・You are what you eat
・ブタかヒツジかオオカミか
・脳にインプットされるすべてが脳を作る
・脳に何を体験させるか

それは君の判断だ

に変わります。それと同時にこの情報処理能力というものはものすごく変わります。

だから、人生において、人間どこでいちばん変化するかといえば、子どものとき、あるいはいろいろな時期にものすごく変化するのですが、いちばんその人の人生に大きな影響を与える変化は大学生の時代です。それは悪いほうにも変わります。だから、若い人がしばしば精神的な不適応現象を起こして、社会の脱落者になったりするのは大学生の時代に実は多いです。これは、いろいろな大学で数値的にもっているはずです。でもそれは必ずしも対外的には公表されていません。でも非常に大きな、多くのことが実はその大学のその部分を担当している先生方に周知の事実としてあるわけです。

結局、いちばんだいじなことはこういうことなのです。自分の脳を育てるのは自分自身以外にない、ということです。脳に何を体験させるかというのは、要するにその

脳は知情意総合マシーン

・バランスが大切
・全入力、全出力を全時間にわたって管理できるのは自分だけ

・Ｔｖアホバカ番組人間。ゲーム人間。
・脳は耽溺に弱い。麻薬効果

人が自分の時間を使って何をやるかです。つまり、運動的な行動をするのも、あるいは本を読むとか、その他ありとあらゆるその人の行動、その行動のすべてがその人の脳をつくっているのです。新しい脳をつくっているのです。その人の脳は変わっていくのです。その集積が二十代から三十代にかけていちばん大きいというのが、その変化の蓄積がひとりひとりの人間の人格を変えるほどの変化を与えるということになるわけです。

脳は知情意総合マシーン

あまり細かいことはいえないのですが、要するに基本は全入力、全出力。これは脳の自分の脳に対するすべての入力、自分の脳を出力から出力するものによってその人の心あるいはからだ、ものの考え、そういうものすべてをコントロールする人ができるのは、その人だけなのです。もちろんある程度は先生もできます。友だちもで

きます。あれやれ、これやれみたいなことをいうことはできます。でもほんとうにその人の時間を、本当に熱中する形で使うような、そういう行動の変化を与えるのはその人だけです。そのことによって、つまり、自分の熱意の持ち方による行動、あるいはもの考え、あるいはその他心のいろいろな傾き、そういうことの変化によってその人間を変えるというのはその人だけです。

それがものすごく大きいということをこれからちょっとちがう角度から述べていきたいと思います。その前提としてとくに皆さんに知っておいてもらいたいことは、二十代前半までの脳波、このなかの相当部分の人がこれに当たると思いますが、その脳波は、医学的、客観的に言って、成人の脳波ではないのです。そう言うとびっくりするでしょうが、脳波というのはいろいろなパターンがありまして、ある年齢特有の、ある段階の生育に特有の脳波とかいろいろな角度から脳波がありまして、脳波をきちんとウォッチするだけで、これは成人の脳波とか、これは子どもの脳波とか、そういうことがわかるのです。基本的に、皆さん、若い人の脳波は成人の脳波ではないのです。それは医学的に調べればすぐわかります。どこがちがうのかというと、脳の可塑性なのです。

脳がある可塑性、つまり変化をする、この先この脳がどう変化するという、そこの可塑性です。それをまだもっている人と、いわゆる脳が固まっちゃった人と、つまりテイヤール・

ド・シャルダンのことばを使えば、あるパターン思考しかできない人、パターン思考だけではありません。からだの動かし方から、何から何までパターンが決まって、そのパターンの外に出られない脳と、そうではなく、自分をどんどん変えていくことのできる人の脳波というのは基本的にちがうのです。それは医学的に調べればわかります。そういうことが基本的にその人間の人生をかえていくというようなことがあるわけです。

「我思う故に我あり」デカルトの評価

そういう脳のはたらきとそういう側面、脳が自分をかえるという、そのときに相当の人が思い出すのは、デカルトの「我思う故に我あり」ということばだと思います。これはたぶん誰でも知っています。でも、この、我思う、が、英語でいうと何と訳しますか？　あるいは、フランス語で何と訳しますか？　実は日本語の「我思う」と英語の〝I think〟、あるいはフランス語の〝Je pence〟とは、実は相当ちがうことばの内容をもっているのです。ほんとうはそこまで考えないと、このデカルトのもっとも有名なこのことばは十分に理解できないものなのです。相当の人がこのことばが、「我思う故に我あり」のことばはどこから出てくるか？　というと、デカルトが書いたこの本『方法序説』から出てくるのです。これはおそらく高校くらいのときに本の名前は出てきます。その中身はそう簡単には

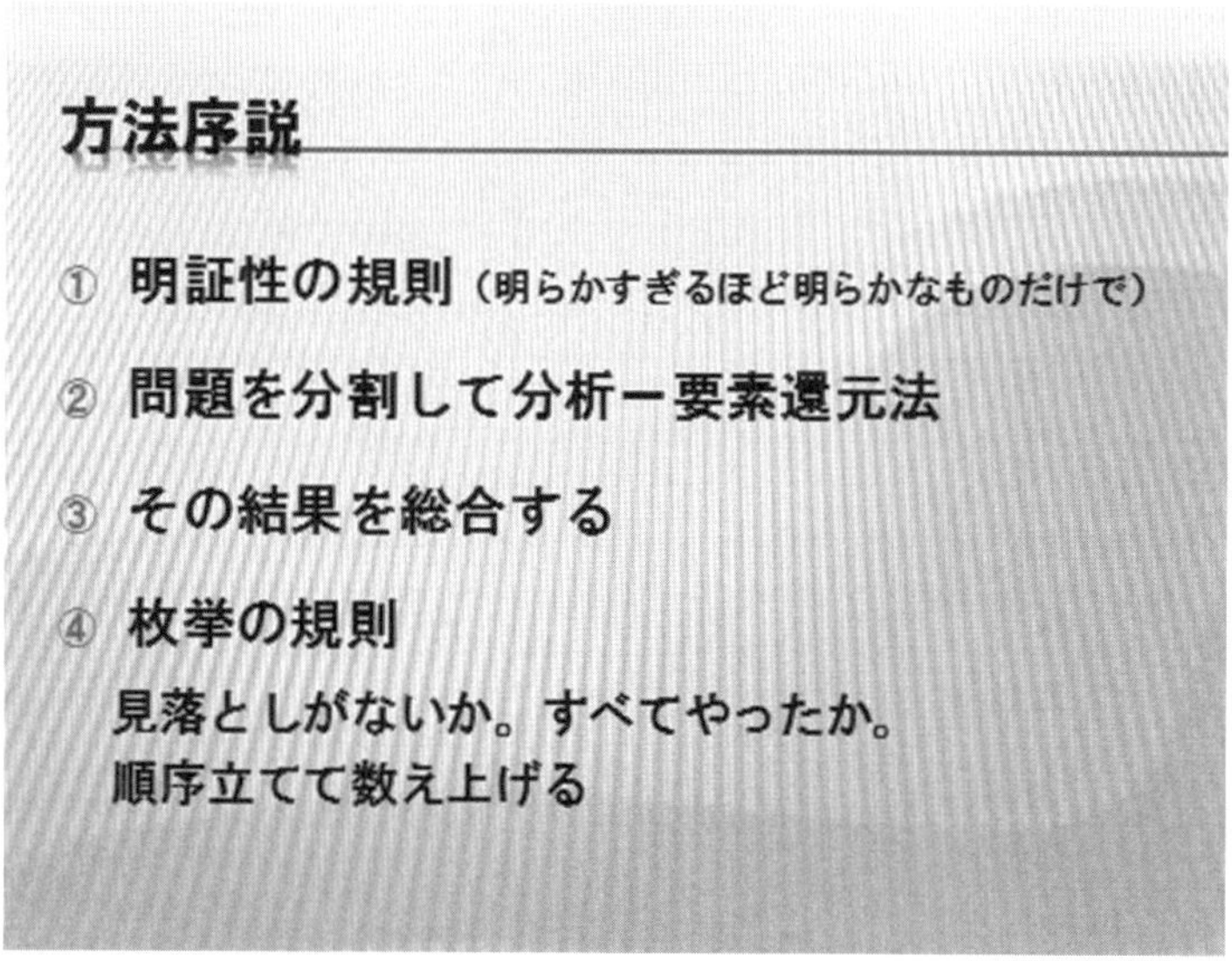
方法序説
① 明証性の規則（明らかすぎるほど明らかなものだけで）
② 問題を分割して分析ー要素還元法
③ その結果を総合する
④ 枚挙の規則
見落としがないか。すべてやったか。
順序立てて数え上げる

考えることを考える

・デカルト「我思う故に我あり」

■『方法序説』４つの要点
1. 明証性の原理
2. 問題を分割して分析せよ
3. 分割分析の結果を総合せよ
4. 枚挙の規則

・明証性の原理は、あらゆる党派のズサンな主張を許してきた。役に立つのは「枚挙の規則」

要約できませんが、非常に重要なことは、この四項目、この四項目がデカルトの方法序説、「我思う故に我あり」と一般的にいわれている、その本の内容でいちばん重要なポイントはこの四ポイントなのです。それでこの「明証性の規則」というのは何かと言うと、誰でもそれはそうだと思う、明らかなこと、万人にとってあまりにも明らかなことは真実である、という。

じつはこれはあやしい。あやしいというか、明らかすぎるほど明らかなものは真実である、みたいな。これはそういう要約のされ方もありますが、でも頭をちょっとひねって考えれば、Aの人がこれはあまりにも明らかだということが、Bの人にとってはあまりにも明らかではまったくないということはしばしばおこることです。そこで、社会のなかで、いろいろなものの考え方の行きちがいとか学説のちがいとか、そういうものがそこからどんどん出てくるわけです。だから、デカルトの、じつはこの第一原則である「明証性の規則」と、俗にいわれているこれはあまりにも明らかではない。明らかなことは明らかと言うけど、そういうものでもないでしょうみたいな、茶々を入れたくなるような規則なのです。じつは方法序説の中身に相当怪しい部分が（あるのは）事実なのです。

それで　もうひとつは方法序説、第二の原則というのは「問題を分割してそれを分析」して、最後それを合わせようというこれは一般的には「要素還元法」といわれていて、何か難しい大きな問題を考えるときに自分のやっていることです。こんな長い問題があるときはそれを要素に分割してその要素・要素に解決を与えて、「あとでそれを総合する」という。要するに人間のやっているほとんどすべてのことはこの要素還元法に基づいてバラバラにされた大きな問題の断片なのです。でも、それはほんとうに正しいのかという、じつは大問題なのです。つまり、こんな大きな問題を要素に分割して、それにひとつだけ、断片だけに正しい回答を与えてそれをあとで総合すればそれが真実になるかという。

「かもしれない」は真理ではない？

じつはこのデカルトの方法で最大の問題とされているのは、先ほどのこれもそうですが、ここにはもっと大きなあやしいということがあります。でも、もうひとつこの四番に「枚挙の規則」というのがあるのですが、これは、大きな問題を考えるときにはそれを全部数え上げる。数え上げて、自分はその問題全体をほんとうに考えたかどうか。ひとつひとつの問題に全部回答を与えたか。それを検証しようというのがデカルトの方法論のひとつです。これは確かにそうというか、その通りやらないとだいたい後でトラブルが起きるという風に。でもこのふたつは非常に、原則的に大きな問題があります。

じつはそれよりも、じつはデカルトという人はですね。フランス人は全部学校で、天才

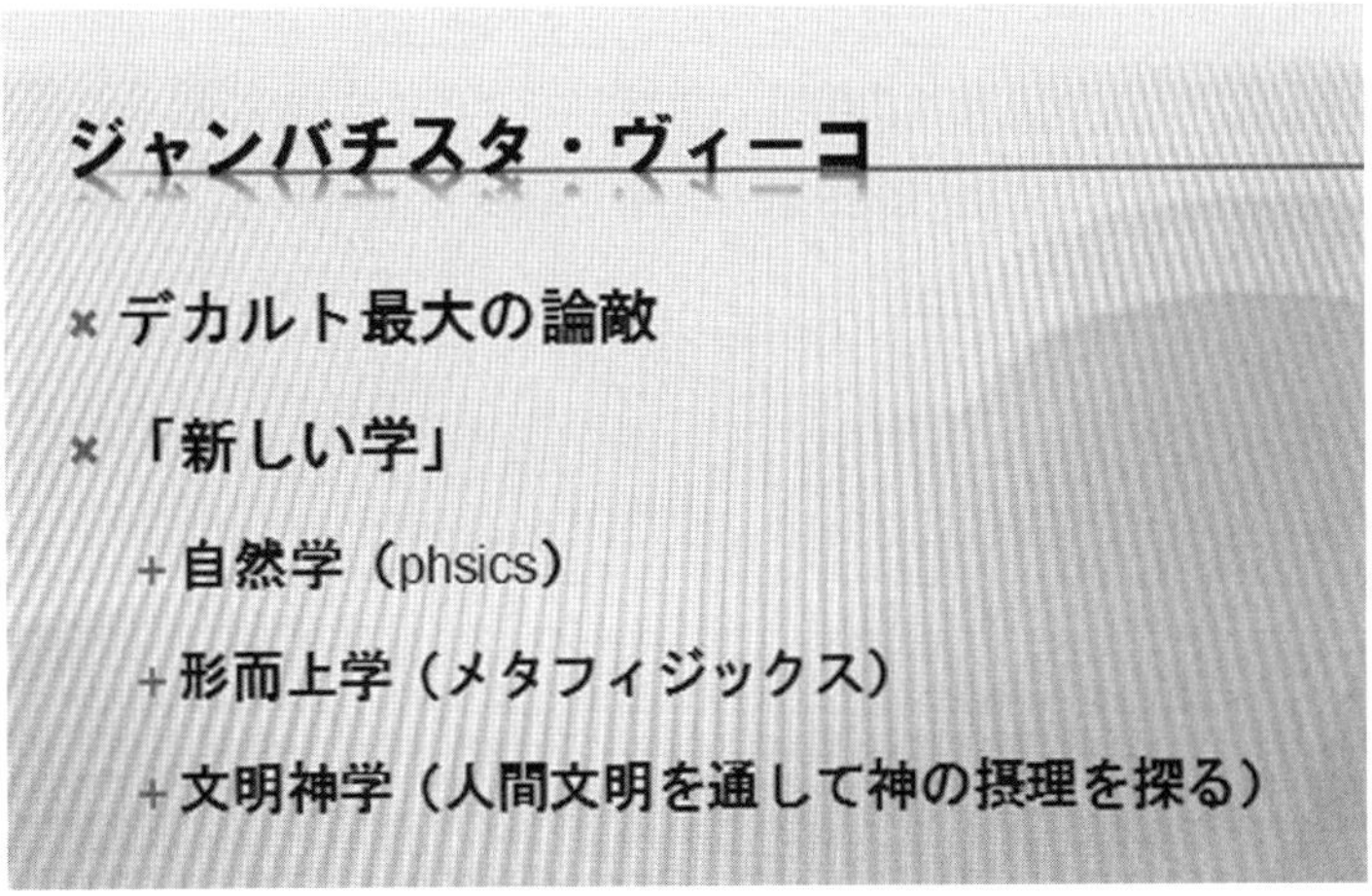
ジャンバチスタ・ヴィーコ
デカルト最大の論敵
「新しい学」
自然学（phsics）
形而上学（メタフィジックス）
文明神学（人間文明を通して神の摂理を探る）

は言った、思考の法則みたいな形で、理性の値で、みなその通りにおぼえて習いますから、そのとおりにするのですが、それが相当大きな誤りをじつはもたらしている。そういう側面があるのです。それ以外にじつは、これはデカルトの教えだからみたいな感じでフランス人だったらそのとおり口移し的にそのとおりやることがしばしば、それはちょっとちがうんじゃない？ と考えることがあります。

デカルトの「明証性の規則」ではそこが絶対確実という、頭がピンときて、あ、これは確実にそうだ、という、そういうものだけをやっていればまちがいないことができるという、そういう発想が根底にあるのですが、別の言い方をすると、絶対に確実なもののみが真実で、「かもしれない」ものは真理ではないと、そういう決めつけがじつはデカルトの思考の根底にあるのです。

でも、それはほんとうにそうか？　ということを、今度は個々の問題について考え出すと、たぶん皆さんもそうだろうと思うのですが、でもそうではないと僕は思うのですね。つまり、真理というのはつねにある「蓋然性のプロバビリティ」、それはそうかもしれないし、そうじゃないかもしれないという。それがじつはこの世の中で人間が扱うすべての問題についていえるわけです。それを、この、絶対確実なものだけが真理という前提のもとでものを考えていく明証性の規則みたいなものをやったら、考え自体がまちがい。しかも人間が実生活でぶち当たる。それは職業生活においても、その他の生活においてもぶつかる問題というのは、ほとんどすべてがこの「そうかもしれない」の世界なのです。そういう「そうかもしれない」世界にはデカルトの規則は通用しません、みたいなことをいわれたら、じゃあ、世の中の現実とは相当ちがってくるんじゃないの、というようなヴィーコの世界になります。

ヴィーコの主張「真理はつくることにある」

このヴィーコという人はこの写真の人がそうなのですが、この人はデカルトの最大の論敵といわれた人なのです。この人はいろいろな側面からデカルトそ批判しているのですが、いちばん大きな批判は、今言った蓋然性の問題、つまり、「そうかもしれない」、「そうじゃ

ヴィーコ（反デカルト派）の「新しい学」

・Verum ipsum factum
・真理はつくることにある
・作ってみないと真理に到達できない
・まずは作ってみる
・ホモファーベル的発想

新しい学 1

この世界を作ったのは神 ⇒ 神がすべてを知っている、
神学上位 ⇒ カトリック司祭の考え

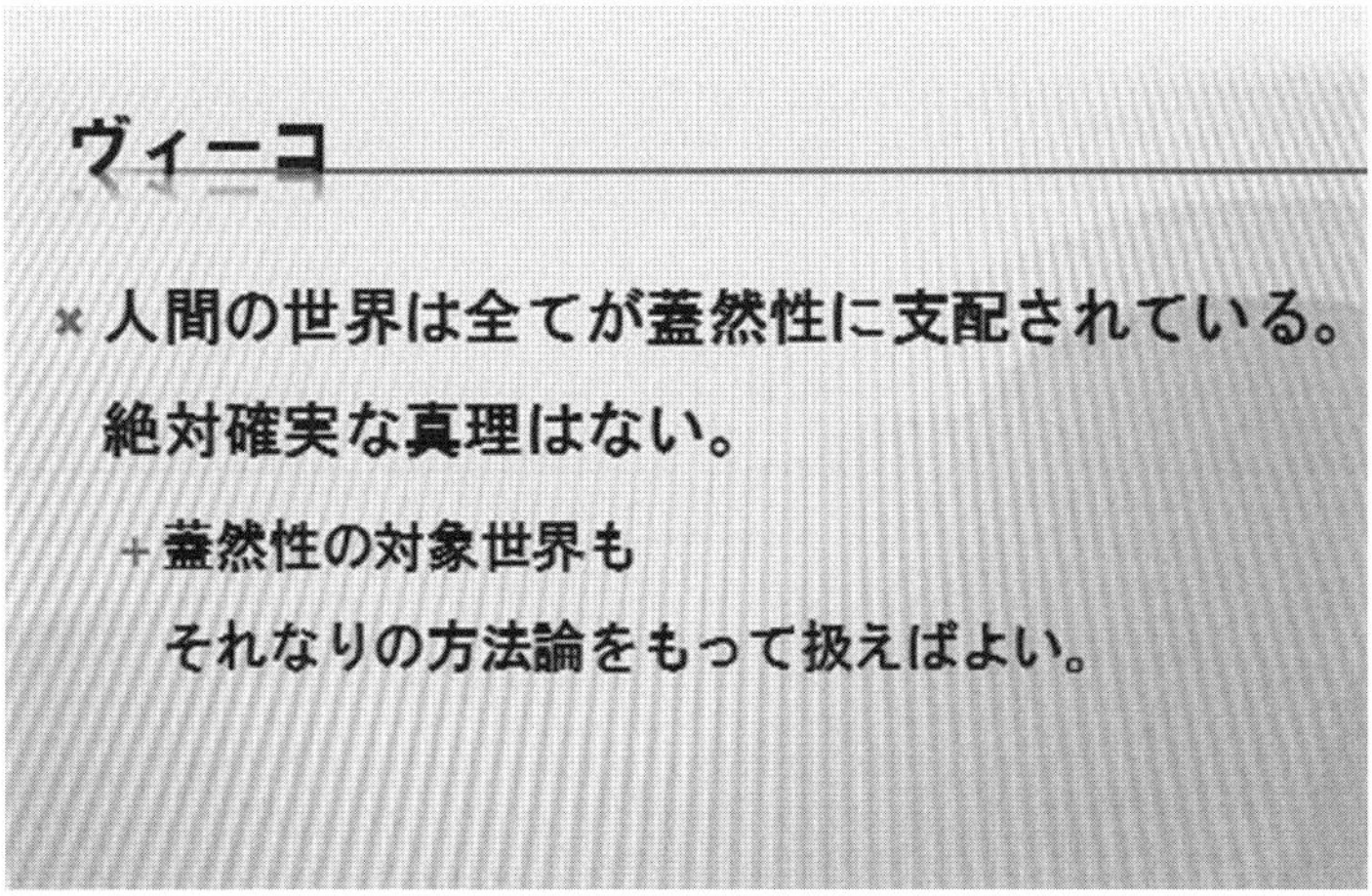
ヴィーコ
× 人間の世界は全てが蓋然性に支配されている。
絶対確実な真理はない。
+ 蓋然性の対象世界も
それなりの方法論をもって扱えばよい。

ないかもしれない」。人間が実生活においてぶち当たる問題というのはじつはほとんどがそういうプロバビリティの世界の問題なのです。

デカルト的な決めつけでものを考えたら、それは必ずまちがい。で、人間の世界すべてが蓋然性に支配されている。絶対確実な真理はない。だが、デカルトはこれがあると言って、絶対確実な真理はどう扱う、そう言う部分だけ問題にしている。だから、考え方が根本的にちがうわけです。もしかしたらそうであるかもしれないし、そうでないかもしれないという、そういう方がその問題の根底にある正しさの世界であるというそういう世界も、デカルト的な方法論ではない、ちがう方法論をもって扱えば、それは考えることが可能だという。

そういう風にして、このヴィーコがデカルトの後に登場する人なのですが、それまでのデカルトの考えを、ほんとうにものすごくひっくり返すという、そういうことをしていく人なのです。

ここで、このヴィーコという人が言ったことばは、これはつきものなのですが、意味は、「真理はつくることにある」。つくってみないと真理には到達できない。まずはつくってみるという、これが必要なのです。だから、デカルトなんかと根本的にちがうのです。まずはつくってみるという。そのことを言うわけです。それまでは、この世界をつくったのは神様なのだから、神がすべてを知っているから、神学あるいはカトリックの司祭の考えが正しいことはすべて言う、みたいなことが古い時代の神学の考えです。その後新しく出てきたのは、デカルトみたいなのが全然ちがうことを言う。でも、それも全然ちがうんじゃないの？　というのがこの人（ヴィーコ）の考え方なのです。

要するに、つくってみないと真理には到達できないのだから、まずはつくってみることにしようという。それは、人間は何かというときに、昔からいわれているのはホモサピエンスという、あれは人間の知力を中心に人間というものを考えるわけです。知力中心の人間の考え方ではなく、ホモファーベルというのは、ものをつくるということを中心に考える、だから、この世界をつくったのは神様かどうかわからない、じゃあ、我々がつくったものについて我々自身が考えようという形で、人間がつくったものを中心にどんどん考えを、文化・文明に対する考えに変えていくと提唱した人がヴィーコという人なのです。この人の前と後で、要するに文化・文明のあり方がものすごく変わります。

日本社会は工学部系の構造で近代化

いわゆる自然科学の世界、あるいは工学、自然科学の世界というのはデカルト的な考えというか、デカルトというのはじつはある意味数学者なのです。ほとんど数学に置きかえられるみたいな考えがデカルトなのです。でも、もうちょっと工学部的な発想をするひとはヴィーコみたいな考え方なのです。

まずつくってみよう。そういう感じでどんどん進めていくのはヴィーコ的な、日本でいえば工学部の発想なのです。で、国によって文化・文明の選択がものすごく変わったというそういう側面があるわけです。

日本は遅れて出発したにもかかわらず、経済的にも非常にブリリアントな成功をなぜ収めることができたかといえば、こういうところの基本的なものの考え方、つまり工学的な発想でどんどん物事を、じゃあ実際につくってみようよ、で、試してみようよ。そういう発想で大学のなかにおいても、あるいは企業のなかにおいても、そういう人たちの主張が通るという、そういう社会であるわけです。これは、じつは明治以来日本ではそうなのです。

日本では最初から工学部があるし、大学の相当中心的な部分が工学部なのです。どこの大学でも。お金も稼ぐし、パワーもある。それが工学部という世界である。それ的な大学はじつは世界の大学のスタンダードではないわけです。そうではなくて、先ほどの神様的な発想でいって、こうだからこう、みたいな頭ごなしのものの考え方をしちゃうところが欧米のサイエンス系の学部なのです。

工学部、明治のある時期から日本では工学部中心の大学がどんどんできて、いまでもそうです。いまでも日本の相当の大学が工学部をちゃんともって、工学部が卒業生をちゃんと生み出して、日本の大学にいろいろなものをリターンしてみたいな、そういうことが行われている大学というのは必ずしも欧米では多くないです。たとえばアメリカで、MITというのがありますね。Massachusetts Institute of Technology という。マサッチューセッツ工科大学といいます。あれはユニヴァーシティー（University）ではないのです。欧米においては University、つまり人間の知の世界を全部、広くカバーする、そういうものに対してのみ University というのが与えられるべきであって、工学部だけみたいなのは、Institute of Technology とはいっても、University とはいわせない、みたいな。そういうのが欧米にもあるし、日本でも明治以後、どんどん欧米から文化を入れてくる過程において、一時期は工学部なんて大学から外へ閉め出すべきだという主張がありました。

正解はひとつとは限らない

いまの日本人にはまったく信じられませんが、それ的な主張をする、つまり神学部がちゃんとないような大学は大学ではないみたいな。そういう発想をする大学というのはじつはあるのです。だからそういう限りで物事を考えるときにもいったい自分たちはどういう文化のなかで、どういう筋道でものを考える我々なのかという。それが非常に重要というこ

キミは?

「正解はひとつ」という思い込み

・あらゆる問題、正解はひとつでない

↓

・正解は　沢山かもしれない

・正解が　ひとつもないかもしれない

とをここでまず言っておいて、そもそも日本人は、正解はひとつという思い込みが非常に強くあるのですね。

　だけど、ほんとうは現実には正解というのはたくさんあるかもしれないし、ひとつもないかもしれない。これが、じつは我々の社会の現実ですよね。だから、それは分野によって相当ちがいます。工学的な世界もあれば、文学的な世界もあるし、法学的な世界もある。いろいろな形、カバーする分野によってその根本のプリンシプル（principle）がそもそもちがう。そのちがいをちゃんとわかる、わからせる、そういう大学教育のなかにいないと、同じ大学のなかにいても、ちがうカルチャーをもって、ある大学を出た人、人間になっちゃうみたいな。そういうことが起こる。日本は、これがあまりちゃんとなくて、これが非常に大きいのですね。そういう意味で正解が必ずしもないという問題

「正解が、必ずしもない問題」にぶつかったとき、

どういう順序で、何をどう考えればよいのか

に皆さんはすでにぶつかっているでしょうし、今後ますますぶつかります。そして、正解が必ずしもない。もともと正解が必ずしもないのだという、そういう問題が、じつはこの世の中に充満しています。

人間は失敗からしか学べない

そういう問題にぶつかったときに、そこで、その人がいる立場のなかでは、どういう風にそれに対応していくか、その対応の仕方も全部ちがってくるわけです。そういう、何を言いたいかと言うと、これなのです。皆さんの人生の、すでにそうでしょうが、たくさんの失敗をいままで踏んできたでしょうが、これからますます失敗でいっぱいの人生になります。失敗はいつも失敗のルール、そういう人生をほぼすべての人が送らざるをえない、それが、僕は正しいあり方というか、そのことを学生というのは一刻も早く知るべきである。

「正解が必ずしもない」問題、これに実社会というのはしょっ

人生失敗学入門

1　20代は人生でいちばん大切な時期
2　人生の大きな方向づけが決まる
3　準備不足のうちに次々迫られる決断
4　失敗に次ぐ失敗の日々
5　失敗の大半は思い込みに起因

わけのわからなさの整理

・何がわからないのか
・自分は何を知りたいのか
・自分で問題を設定してみる

人間は失敗からしか学べない

6　失敗歓迎 ⇒ 失敗は成功のもと
7　失敗したら原因究明の上やりなおす
8　失敗しそうな予感 ⇒ 不安要因総点検
9　山登りと同じ。遭難しそうな予感 ⇒ 引き返す勇気
10　取り返しがつく失敗 ⇒ やり直す
取り返しがつかない失敗 ⇒ ダメージ・コントロール ⇒ 被害を最小限にする

ちゅうぶつかるわけです。すでに、皆さん、ぶつかっているはずです。そういうなかでどう対処していけばいいのかという、そういうぶつかっているときに自分がいまぶつかっている問題というのは、そもそもこの問題は何なのかということを自分でクリアにして、明快にして、それを他人に告げる。そういうことが、まず第一に必要なことです。

その次に先ほどいいましたように、その後の人生は失敗に次ぐ失敗というそういう人生にならざるをえないのです。そのときにどうしたらいいかといえば、失敗は成功のもとと考えることです。それはほんとうにそうなのです。それは皆さんの人生で、必ず、これから山のようにぶつかりますので、失敗する前にはこういうことやれば逃れるということがありますし、それから、途中で遭難しそうということがピンとくることがあります。

「ダメージ・コントロール」の道を選べ

そうしたら、とにかく引き返す。それで遭難を防ぐ。それで何か取り返しがつく失敗であればやり直すという。取り返しがつかない失敗が目の前にあって、自分がまさにそこに飲み込まれようとしている。あるいはすでに半分のみこまれちゃったというときに必要なことは何かというと、ダメージ・コントロール（Damage Control）です。Damage Controlというのは一般社会ではそれほど使われていませんが、これは軍事用語ですが、要するに、まちがいが起きる。失敗が起きる。そのときにその結果起きるDamage（ダメージ）、損害を最小限にする道を選ぶという、それがDamage Controlということばの意味です。これはじつは相当の訓練がいります。

自分で具体的に、失敗して相当の大きさのダメージの、自分でかぶるという経験を何回でもやらないと、事前にそれをコントロールするということまではなかなかできません。しかし、それしかありません。

失敗した場合とその前のところとか、そういうところでなんとかそれを途中でやめる、あるいは、最悪、失敗したらこのダメージ・コントロール側のほうにつく、これしかないだろうと思います。

今日は時間が十分なかったものでバタバタしてしまいましたが、ここで終わりにしたいと思います。

私が会った立花隆の実像

現場で接した生身の男

核問題と戦争を熱く語った立花隆

長崎大学核兵器廃絶研究センター（RECNA）センター長・教授　吉田 文彦

「猫ビル」での初対面の取材

私事から書き始めるのは恐縮だが……。長崎大学に着任する前は、長い間、朝日新聞社で核問題を含む地球規模問題を担当する論説委員をしていた。もう三十五年も前のことになるが、私がまだ若い記者のころ、一度、立花隆さんにインタビューする機会があった。同社主催のシンポジウム「私たちの宇宙」（一九八六年十月）で基調報告する立花さんに、事前にお考えを伺うために時間をつくってもらった。

ベトナム戦争を強行した米国政府の内幕を描いたデイビット・ハルバースタム（ニューヨークタイムズ記者）の『ベスト＆ブライテスト』（サイマル出版会、一九七六年）。ウォーターゲート事件を暴いて、ニクソン米国大統領を辞職にまで追い込んでいったワシントンポスト記者のボブ・ウッドワードとカール・バーンスタインによる『大統領の陰謀』（立風書房、1974年）。そして日本では、絶大な権力・影響力を誇った田中角栄首相の「金脈」を徹底究明した立花さんの『田中角栄研究・全記録』（講談社、一九七六年）。これらの調査報道の金字塔に大いに触発されてジャーナリストを志した身としては、立花さんと初めて対面する直前は高揚感と緊張感が交錯したような心持ちだった。

約束の時刻にご自宅を訪ね、呼び鈴を鳴らした。玄関のドアが開き、ご本人が出てこられた。私が簡単に自己紹介すると、「事務所の方に行きましょう」と気さくに応対してくださり、書庫でもあった事務所、あの「猫ビル」へ案内してもらった。本棚には多種多様な専門分野の本が並んでいたが、自然科学系の書物も幅を利かせていた。

高校の途中まで理工系への進学を目指していたそうだ。とくに天文が好きで、中学の時にはレンズと紙を買ってきて手製の天体望遠鏡をつくって月を眺めるなどして、「科学ごころ」を広げた。(1) やがて、「ひと時、地球を飛び出した宇宙飛行士たちの意識はその後、どう変化したのか」に関心を持つようになり、米国の元宇宙飛行士十二人にインタビューして、『宇宙からの帰還』（中央公論社、一九八三年）を刊行した。

元宇宙飛行士たちとじっくり話しているうちに、ひとつの確信を持つようになった。「宇宙進化史的にみれば、人類は確実に宇宙に進出していくと思う。月の次には火星に足をのばし、やがては宇宙で生まれ、そこでしか住めない新しい人類が誕生するだろう。そんな時代を前に、改めて私たち人間とは何か、地球、宇宙とのかかわりとは何かを問う必要がある」。インタビューの中でそう語っていた。そして、シンポジウム「私たちの宇宙」で強調したいことはと問うと、「宇宙進出は『人間に何ができるか』という想像力のチャレンジだ。目先の実利に目を奪われては、想像力が枯れてしまう。その意味で、戦略防衛構想（SDI）は、軍事という実利に引きずられており、人類の宇宙進出には、大損失に思える」と、よどみなく言葉をつないだ。

核超大国のリーダーは宇宙で首脳会談すればいい

SDI――それは、新たな科学技術の知見を結集して敵の核兵器をことごとく迎撃するというミサイル防衛システムの研究開発構想である。当時のレーガン米国大統領が一九八三年に主唱した構想で、地表だけでなく宇宙空間にまでミサイル防衛システムを配備するアイデアが含まれていたことから、「スターウォーズ計画」とも揶揄されていた。米国がミサイル防衛を強化すれば、それに対抗してソ連が攻撃兵器を増強するのは必至であり、結局は核軍拡競争に拍車がかかるだけで、核兵器をことごとく迎撃するなど夢のまた夢との批判を浴びていた。国家や民族などの単位をこえて、宇宙での人類のあり方を透徹して考察していた立花さんの目にも、SDIは百害あって一利なしに映っていた。

そして、シンポジウム当日。立花さんは基調報告の中で以下のように指摘した。

「宇宙条約はさまざまの意味で重要なものだ。とくに、主権国家の利害を超えて、人類という種（species）の立場が最も尊重されている。条約によると、宇宙飛行士は、どこの宇宙飛行士であろうと、『宇宙空間への人類の使節』とみなされる。また、個別国家による宇宙軍事化に大きな歯止めをかけている」

「この条約にもかかわらず、なぜ宇宙軍事化が急速に大規模に進んだのか。条約に、いろいろな抜け穴が発見されたためだ。例えば、第四条が宇宙空間への配備を禁じているのは、『核兵器及び他の種類の大量破壊兵器』ないし『それを運搬するもの』となっている。すると、これに該当しない兵器なら配備も許される、ということになる。そして今、宇宙軍事化の極限形として、戦略防衛構想（SDI）が提示されている[2]」

その後のパネル討論で立花さんは、私の胸の中でずっと響き続けている、次のような趣旨の提案をした。核超大国の米ソのリーダーは、宇宙で首脳会談を開けばいい。国境のない宇宙で地球をながめながら、「宇宙空間への人類の使節」として話し合いをすれば、地上では望めないような突破口も見出せるだろう――。

立花さんはこのシンポジウムが開かれた一九八六年当時も、そしてその後も、核兵器や広島・長崎の被爆に関する問題に特化して深掘りする著書を世に出すことはなかった。それは、核兵器に関する問題に関心が薄かったからでは、決してなかった。大量の核保有で角を突き合わせていた米ソ冷戦の状況を憂慮し、宇宙からの視点で人類の未来を見据えようとしていた立花さんの胸の奥底には、核兵器とどう向き合うかが重いテーマとして存在し続けていたことは、三十五年前の私の「立花体験」からしても、疑いのないところだった。

「日本は戦争国家だったことを忘れてはいけない」

時は流れて二〇一五年一月。立花さんが、生まれ故郷の長崎を訪れた。立花さんが産声をあげたのは、旧長崎医科大学の付属病院だった。廃墟から復興して現在は長崎大学病院として伝統が引き継がれている。その長崎大学の医学部キャンパスで、立花さんが学生たちに講演し、対話するイベントが開催された。私が長崎大学に着任したのが二〇一六年十二月で、誠に残念ながらこのイベントには参加できていない。しかしながら、その時の映像や文字化された記録に触れるだけでも、会場の熱気が伝わってくるようだ。

当日の進行は、まずは立花さんの講演があり、それを受ける形で参加学生を六~七人の小グループに分けて、グループ討論が行われた。学生たちが討論のまとめを発表したあと、立花さんが講評を語り、締めくくりに全体に関する質疑応答の時間が設けられた。

もちろんのことながら、このイベントのコアは立花さんの講演で、「被爆者なき世界に向けて」を主題にして熱弁された。いくつもの金言が輝く講演内容だったが、私が今、講演記録に触れて考えるにつけ、立花さんが学生の胸に刻んでおいてもらいたかったのは、①戦争における加害と被害の複雑な関係、②原爆投下やその後の核時代について複数の評価が存在する現実、③それらを知ったうえで、「被爆者なき世界に向けて」考え、行動していくことの必要性、ではなかったかと拝察している。

中でもインパクトが強かったのは、加害と被害に関する部分である。立花さんは、シベリアに抑留された経験を持つ画家の香月泰男さんの体験記『私のシベリヤ』（文芸春秋、一九七〇年）を引き合いに出しながら、「赤い屍体」と「黒い屍体」について説き始める。「黒い屍体」は、カメラマンの山端庸介さんが撮影した、長崎原爆で真っ黒こげになった少年。「赤い屍体」は、香月さんがシベリア送りの途中で列車から見た、生皮をはがれて真っ赤になった日本人。日本が支配していた満州の人に恨まれ、敗戦後に痛めつけられたと考えられる。

立花さんは講演で、香月さんの大事な「問題提起」として、『私のシベリヤ』から以下の文章を紹介した。

「黒い屍体によって、日本人は戦争の被害者意識を持つことができた。みんなが口をそろえて、ノーモア・ヒロシマを叫んだ。まるで原爆以外の戦争はなかったみたいだ、と私は思った」。立花さんは「次のところが、僕は大事だろうと思うんですが」と言って、香月さんの思索を学生に示した。

「赤い屍体は、加害者の死としての一九四五年だった。（中略）私には、まだどうもよくわからない。あの赤い屍体について、どう語ればいいのだろう。赤い屍体の責任は誰がどうとればよいのか。再び赤い屍体を生み出さないためにはどうすればよいのだろうか。（中略）だが少なくとも、これだけのことはいえる。戦争の本質への深い洞察も、真の反戦運動も、黒い屍体からではなく、赤い屍体から生まれ出なければならない」。

その場にいたら、言葉を失ってしまいそうなほどに切れ味が鋭く、鬼気迫るような加害と被害の対比である。もちろん被爆地長崎も、（少なくとも近年は）加害と被害の関係に思いをいたしながら、核廃絶のメッセージを発信してきた。加害、被害の立場をこえた、より普遍的な価値意識から、「原爆は人類に落とされた」との視点で核廃絶を訴えてきた。しかしながら、被害の側の視点も理解、熟知していないと、「加害の反省が足りない」「被害面ばかりを強調するのは一方的だ」などの反発を招き、被爆地の発信力が損なわれることにもつながる。どうすればいいのかは、被爆地にとってずっと大きな課題であり、今なお解を得るのが難しいのが実情である。「赤い屍体」と「黒い屍体」の問いかけは学生にとって、胸に突き刺さるような設問であったことと想像されるが、今の私たちにも重く響くところがある。

講演を受けたグループ討論のセッションでは、グループごとに意見交換し、アイデアを出し合った。さらに感想や意見をテーブルに拡げた模造紙にまとめて、発表資料を作成した。このイベントの進行役をつとめたRECNAの中村桂子准教授によると、グループでの議論の間、そして発表の間、立花さんはいろいろなテーブルを渡り歩き、学生たちの議論の様子を楽しそうに見たり、声をかけしたりしていた。「イベントの趣旨として、一方的な講演会にはしたくないと考え、インタラクティブな形になるよう心がけました。立花さんから学ぶだけでなく、学生たちの考えや、平和活動する上での悩みなども立花さんに理解していただけたと思います」と中村准教授は振り返る。

イベントはいよいよ、質疑応答のセッションに移った。私が講演記録を見て最も印象深かったのが、この時間帯での立花さんの指摘だった。日本が長きにわたって「戦争国家」であったことを学生たちに認識（再認識）させ、そのうえで、「被爆者なき世界に向けて」の日本のあり方を若い世代に問いかけたのである。それは、大学に限らず、日本の学校教育で見落としがちな視点、場合によっては避けてきた視点からの、「被爆者なき世界に向けて」進んでいくうえで必要不可欠な問題提起だったとも言えるだろう。

いわく――「近代史を振り返ったときに、日本は戦争国家として大成功を収めた国だった。それは日清戦争、日露戦争を考えればすぐ分かります」「第一次大戦が終わった頃は、ほかのヨーロッパの強国の大部分が戦争で疲弊して、経済的にもどん底に落ちました。その中にあって、日本の円はあっという間に世界で最も信用が高い通貨になった。円を持っていれば、世界で好きなようにいろんなものを買い物できる国家になるわけです」「だから、ある時期までの日本は、日本人全体が戦争国家であることを誇りにして、戦争に強い、これからもどんどん戦争をやって、どんどん戦争に勝とう――といったような意識が蔓延した国になっていたんです」「その中で、日本は戦争国家としての勝利の道をさらにどんどん進もうとして、あの戦争に入っていくわけです」

そして、広島、長崎での戦争被爆、それに続く敗戦の公式な確定へと戦争国家は転げ落ちていった。立花さんはこうしてひとしきり戦争国家破綻の沿革・構図を説いたあと、第二次大戦後の日本の特徴に話を移した。その中で、憲法九条の存在もあって「ほとんど軍備に金を使わなかった」こと、日本の政界の中には核武装論者がいたものの、総じてみれば、「特に金がかかる核兵器などには全く見向きもしない」でここまで歩んできたこと、いわばポスト戦争国家を選択したことが戦後日本の再生の根本にあったとの見方を示した。「人材をどこに振り向けるかということが、その国の成功を一番左右すると思うのですが、要するに、日本の主たる人的資源を軍備や軍事技術に向けないで来たというのが、日本の成功の一番の背景だと僕は思っています」

戦艦「武蔵」建造の「顔」が標的では？

長崎も、戦争国家の巨大マシーンの一翼を担っていた。長崎商工会議所「創立130年の歩み」によると、一九四一年に太平洋戦争に突入して以降、日本が「完全な戦時体制」となり、「国力のすべてが軍事生産力拡充に集中され、民需産業はいちじるしく抑制されていった。長崎県では、明治以来発展してきた「造船、石炭などの軍需産業は高度の増産体制がとられ活況を呈した」ものの、一般中小商工業は「軍需工場への転換、企業整備による統合、整理」を迫られ、商業従事者たちは「軍需工場や炭鉱に徴用されていった」[3]。旧日本軍の「大和」型戦艦の二番艦として、巨大戦艦「武蔵」が四年余りかけて三菱重工業長崎造船所で建造され、一九四二年八月に就役した。長崎が原爆の標的となったのは、こうした軍需工業都市としての長崎の「顔」と無縁ではなかった。

そうした歴史的背景を、原爆のことについて学ぶどれだけの学生たちが知っていたかは不明である。だが、予備知識にばらつきがあったとしても、立花さんの言葉が学生たちの問題意識を大いに刺激したのは間違いないだろう。

今後の日本はどうなのだろうか。

「最近はそう［主たる人的資源を軍備や軍事技術に向けないで来たというのが、日本の成功の一番の背景(4)］じゃないという意見、そういう流れができて、違う方向に流れつつある」。立花さんはそんな危惧の念を示した後、（文字の記録によると）質疑応答を次のように締めくくった。

「歴史というのはその時代の人々の意見の集合として決まってくるわけです。常に歴史は動いていて、その方向はまだ分かりません。ですけれども、今日の皆さんの発表を聞いていると、むしろいい方向にどんどん向かうんじゃないかという気がしてきました(5)」

ことのほか、学生の発表が好印象だったのだろう。若い世代に期待を寄せる言葉を発してくれた。一度お会いした実感として、書かれたものを読んできた感想として、立花さんはその場のリップサービスで学生をほめる方には思えない。今後の歴史に影響力を強めていくには、「人々の意見の集合」の中で核廃絶派が存在感を高めていく必要がある。そのためには、加害と被害への向き合い方、戦争国家との向き合い方を再検討・再整理し、新たな対話や発信に挑戦していかなくてはならない。そうした試みのプロセスで果実を増やしていく「芽」を、イベントに参加した学生たちから感じ取っていたのではないだろうか。

だとすれば被爆地にいる私たちは、若い世代の「芽」が伸び伸びと育つ手助けをするとともに、若い世代に任せきりにすることなく、被爆地のすべての世代が「人々の意見の集合」での存在感を高めていく挑戦に加わっていく必要があることだろう。

立花さんとゆかりの深い長崎大学医学部の中にあるポンペ会館。長崎に派遣されたオランダ軍医で、医学伝習所開設や西洋医学の伝授などに尽力したポンペにちなんで建てられたこの会館でのイベントで、立花さんが命を与えたくれた数々の「芽」は、この大学で、そしてこの被爆地で長く、粘り強く息吹かせていかなければならない。そんな思いを強くしている。

（1）「私たちの宇宙（国際シンポジウム参加者に聞く：下）」、朝日新聞、1986年10月16日付朝刊。インタビューでの立花発言はこの記事に基づく。
（2）「国際シンポ『私たちの宇宙』第2日　立花隆氏の基調報告」、朝日新聞、1986年10月24日付朝刊
（3）http://www.nagasaki-cci.or.jp/nagasaki/130anniv/step/step1/step1_11.html
（4）［　］内は筆者の挿入
（5）本稿での長崎大学での立花隆氏の講演内容は、『立花隆　最後に語り伝えたいこと』（中央公論新社、二〇二一年）の講演「被爆者なき世界に向けて」より引用した。

「ＥＴＶ特集　立花隆　次世代へのメッセージ」制作者から

私が見た「立花隆のすべて」

ＮＨＫ制作局チーフ・プロデューサー　山中賢一

はじめに

私は現在、東京・渋谷のＮＨＫで制作局のチーフ・プロデューサーとして、番組制作に従事している。入局してから今年で二十一年目。その間に広島放送局に四年、長崎放送局に三年勤務した経験があり、原爆に関する番組も数多く制作する機会に恵まれた。その中でも非常に強く印象に残っている番組がある。私がディレクターとして制作し、二〇一五年二月と八月にＥテレで放送された「ＥＴＶ特集　立花隆　次世代へのメッセージ～我が原点の広島・長崎から」がそれだ。

この番組は、立花さんが二〇一四年の夏から二〇一五年にかけて、広島・長崎を精力的に訪ねながら、原爆の問題への思索を深めていった様子を記録したものである。原爆投下の五年前、一九四〇年に長崎で生まれた立花さんには、二十歳のときに被爆者の写真や映画を携えて、半年間ヨーロッパを回り、核兵器の廃絶を訴えた経験がある。立花さんはその際大きな刺激を受けたカナダ人社会活動家と半世紀ぶりの再会を果たしたり、長崎大学で核廃絶についての特別授業を行い、三十人の学生らと共に語り合ったりした。改めて自らの原点を見つめつつ、未来を考え続ける立花さんの姿が映し出されたものとなった。

立花さんが亡くなられたことが報じられた六月二十三日の朝、スマホに届いていたニュースをみて「早すぎるでしょ」と思わず口走ったことを思い出す。この原稿を書いている今も、現実味がない。猫ビルを訪ねれば、「あーそう。あーそう。」と頷きつつ、流していているようでいて、実はちゃんと重要なことは聞いてくださる立花さんにお目にかかれるような気がしてならない。只々、寂しく思う。

私なりの追悼の意味を込めて、こうした番組づくりを通じて、私が立花隆さんの中に何を見出したのか、振り返ってみたい。

田中角栄から宇宙飛行士まで

さて、最初に考えてみたのが、そもそも私が立花さんを初めて認識したのはいつなのか、ということだ。だが正直、何度考えてもわからなかった。それもそのはず。私は一九七五年生まれ。立花さんが田中角栄研究で一躍脚光を浴びるのが一九七四年（当時立花さんは三十四歳）。加えて、一大論争を巻き起こした「日本共産党の研究」の連載が七五年から七七年まで行われていたという。私が物心ついたときには、すでに敏腕ジャーナリストとしての地位を確固たるものにしていたはずだ。おそらく何らかの形でその名前を覚える機会があったのだろう。

うっすら覚えているのが、ＴＢＳの「筑紫哲也ＮＥＷＳ23（一九八九年十月スタート）」などでのコメンテーターとしての姿。特に一九九〇年にＴＢＳが行った「宇宙プロジェクト」という大型企画で、関連番組によく出演していた立花さんの姿が記憶に残っている。ＴＢＳ記者だった秋山豊寛さんが、日本人初の宇宙飛行士として、当時のソ連の宇宙船で宇宙に行ったというあの企画である。かなり前のめりになって強い関心を持ちつつ、番組に関わっていた印象がある。当時立花さんは五十歳。最先端の科学技術から政治経済まで、幅広くカバーする大物ジャーナリストだった。そのころ私は十五歳。立花さんは、まさに「仰ぎ見る存在」であった。

『脳を鍛える』を読んだときの衝撃

そんな立花さんのイメージが、ガラっと変わるきっかけがあった。それは私が二十五歳になる年（二〇〇〇年）の三月に出版された『脳を鍛える（東大講義 人間の現在1）』（新潮社）を読んだこと。一九九六年夏に東大教養学部で行われた同名の講義をもとに執筆された、立花さんが五十九歳のときの本だ。そもそも当時、立花さんが教えることにも情熱を燃やす人であること自体を知らなかったこともあり、興味をもった。衝撃的だったのはその中身である。立花さんは本の冒頭で、日本の公教育で教えられたことを完璧に頭に入れたとしても、それは知的世界の蓄積のほんのわずかでしかないということを話し出す。理科教育を例に考えるなら、教科書には十九世紀以前の研究成果しか扱われていない。二十一世紀を生きようとするなら、どれだけのことを学ばなければいけないか、わかるだろう……。そんな「脅し」から始まって、学生たちをめくるめく知の世界に誘う。

そこから展開される話は信じられないくらいスリリングで、この世界がどのようになっているのかを考え、それを明らかにしていくときの大変さ、驚き、喜びに満ちていた。まさに「知の巨人」の面目躍如。またそこでは、文系理系などという不毛な区分を無条件に受け入れるのではなく、面白いと思うものにぶつかって行け、妙な躊躇は無用、という趣旨のことも語られていて、強く印象に残っている。すでに大学は私立文系を選択し、理科は好きでも数学にはまるで刃が立たなかった私ではあるが、立花さんのこの本を読むことによって、この世界が何であるかを理解することの面白さに魅せられてしまった。

要するに、この世界がどんなものであるかについて、何でも顔を突っ込んでみて調べ、その現場を見てみたい！　本当にそう思ってしまったのである。

その著作を通じて立花さんに「火をつけられた」青年であった私にとって、NHK入局（二〇〇一年）は、知的好奇心を十分に満たすという意味でまさしく幸運そのものだった。当時二十六歳、大学院修士課程を経た遅めの社会人デビュー。初任地だった大分放送局では文字通り、県内あらゆるところを訪ね尽くして番組作りに没頭。二〇〇五年に東京に転勤してからは総合テレビで放送されていた異色の語学番組「英語でしゃべらナイト」制作班に入り、二〇〇七年からは風変わりな教養番組として話題になった「爆笑問題のニッポンの教養」の立ち上げ、制作に参加。比較解剖学、分子生物学、数理生態学、X線天文学、分子人類学、霊長類学など、主に理系に分類される研究者を訪ね歩き、番組作りに没頭した。

立花さんによる刺激に応えるような取材が形になったのはこのころのことだ。文系出身の私ではあるが、最先端の研究者が、いったいどんな謎を解明しようとしていて、普段どんなことを考えているのか、直接聞くことができた。まさに立花さんの絶妙なる刺激のおかげと言っても過言ではない。

実はこのあと程なくして、「仰ぎ見る存在」であった立花さんと一緒に番組を作る機会がやってくることになる。

初めてNHK出演を依頼

それはその翌年の二〇〇八年冬のことだった。教育テレビ開局五十年(二〇〇九年)を記念した番組企画が「爆笑問題のニッポンの教養」制作班の中で練られていた。できたのが、爆笑問題をメインMCに据え、NHKの教養番組の五十年を総括する番組、二〇〇九年一月六日午後九時からEテレで放送された二時間特番「ETV50 教育テレビの逆襲~よみがえる巨匠のコトバ~」だ。湯川秀樹、川端康成、三島由紀夫、武者小路実篤、開高健、安部公房など、日本の歴史に名を残す人物が実際に動き、しゃべる動画がNHKにはたくさん残されている。そうした貴重な映像を年代別に並べて編集し、そのVTRを見ながら戦後日本の変化とは何だったのか、それは日本人にとってどんな意味があったのかを語り合おうという番組だった。出演者は爆笑問題に加えて、糸井重里、加山雄三などのビッグネームだったが、そこに参加してくださったのが立花さんだった。

立花さんに出演依頼をしたのは当然、私である。田中角栄研究のことも含め、戦後日本社会の変化についてコメントしていただくには、立花さん以上の方はいないと判断したからだし、爆笑問題の太田さんは立花さんの大ファンで、その著作に深い敬意を抱く人物でもある。もちろん私にとっても立花さんは是非一度会ってみたい人だったから、絶好のチャンスであった。むしろ私が立花さんとご一緒したいから、そうなるように持っていった、というのが本当のところだ。それ相応の思いをもって出演のお願いをしたのだが……。現実は厳しかった。

立花さんとのファーストコンタクトは、私にとって悲しい記憶である。この時、実はコミュニケーションがほとんど成立しなかったのである。当時、立教大学大学院の特任教授をされていた立花さん。出演に関する説明を受ける場所として指定したのは、立教大学の講師室であった。立花さんは都内の大型書店で手に入れたと思われる不織布でできた袋の中に資料をパンパンに詰め込んで、その袋を三つほど傍らにおき、すぐにでも移動できるような体勢で私の話に耳を傾けた。

私はとにかく緊張していたことは覚えている。話をすすめると、立花さんからかえってくるのは終始「はい」とか「そんなことすぐわかるでしょう、調べれば、うふふ」など、そんな言葉の繰り返しだった。気づいたら打ち合わせは終了していて、立花さんは次に行くべき場所へ移動を開始し、いなくなってしまっていた。面会時間は十分程度だったのではないかと思う。とにかくまったく話ができなかった……。これが当時六十八歳だった立花さんと三十三歳だった私の、初めての会話の中身であった。

このような状況は、普通であれば「出演お断り」になる流れだが、後に立花さんはなぜか出演を承諾してくださった。いまだにどうしてそういう結論になったのかは、わからない。

911は広島・長崎の比ではない

この二時間特番の中で、ひときわ強い印象を残す立花さんの一言があった。広島・長崎への原爆投下がいかに甚大な被害を引き起こしたのかを強調する、以下の発言がそれである。ニューヨークで起きた同時多発テロ事件（いわゆる911）との関わりで、立花さんはこう語っている。

立花：僕は大きな時代的な背景でいうと、911は今でも大きな影響を与えている事件だとは思うんですよ。だけどあのビルの崩壊でどれだけの人が死んだか知ってます？　あれは約三千人。それはあの戦争で言えば、戦艦大和の乗組員の数と同じなんですよ、ほぼ。それに対して広島や長崎に投下された原爆で何人死んだと思う？　その年の末までに二十万人以上でしょ。ずっと後の影響まで含めるともっと多い。それはもう全然桁が違う。それほど巨大な被害をもたらしたあの戦争の時代というのを、今の人はほとんど忘れて、なんか911のほうが遥かにでかい事件のような気がするじゃないですか。だからみんな本当の歴史を見るときに、ちゃんと数字を踏まえて、その時そこで何が起きたのかっていうことを、理解しないといけないですよね。その重さが狂った判断をやると、のちのち、全部判断狂っちゃうんです。

立花さんは、原爆投下の被害がいかに甚大であったのかを知ることは、極端な言い方をすれば、現代文明の恩恵を受けて生きる現代人にとって必須の知識であって、そのような凄惨な出来事を簡単に引き起こすことのできる時代に我々は生きているんだ、と訴えかけているように感じられた。立花さんにとって原爆の被害の特異さは、人類全体が記憶すべき重要な歴史的事実なのだ。全くそのとおりだと思う。ただ、立花さんの場合少し違うのは、この原爆の問題は、若かりし頃にその廃絶を目指して自分なりの運動を展開したテーマでもある、ということだ。そのことを知ったのは、上記の二時間特番と同じ座組で収録した、その年の新成人を応援するスピンオフ企画の取材を通じてであった。

二〇〇九年一月十二日午後七時半から総合テレビで放送された「爆笑問題のニッポンの教養　成人の日スペシャル～〝大人になる〟ということ～」。出演者全員が自身の『二十歳のころ』を語り合ったこの番組の取材において、私は初めて、立花さんが二十歳の時に被爆者の写真や映画を抱えてヨーロッパに反核運動旅行に出かけていたという事実を知った。まだ日本人が自由に海外へ行くことができない時代の出来事だ。そのバイタリティーに驚くと共に、なぜそれだけのエネルギーを傾けたことに対して、今はそれほど多くを語らないのだろうと思った。

神様なしでやる人間の責任「ねばならぬ」

そんな疑問を少々強く抱くようになったのは、それから三年後の二〇一二年夏のこと。三十七歳だった私は、広島放送局のディレクターをしていた。

当時広島局では「ヒバクシャからの手紙」という特番を、毎年夏に放送していた。全国に散らばる被爆者のみなさんに、手紙で被爆体験を綴っていただけないかとお願いし、寄せられた手紙を番組内で紹介するという企画だ。この年は二百通に及ぶ手紙が寄せられた。その一つ一つが重い内容を持つ手紙である。この番組に関わるスタッフはすべての手紙に目を通すわけだが、私はすべての手紙を読み終える頃には、広島市内のどこを歩いていても、被爆時の状況はどうだったのか、いつも気になるようになっていた。原爆ドームの前を通るときにも、その前を流れる元安川に数多くの遺体が浮かんでいたであろうことが、いつも思い出されるようになっていた。

そうした被爆者の皆さんが書いた手紙が、次々と朗読される番組「ヒバクシャからの手紙」。そのゲスト出演者の一人が、当時七十二歳になっていた立花さんだった。

二〇一二年八月四日に中国地方（Eテレ）で、八月二十三日には総合テレビで全国放送されたこの番組のなかで、物事を常に理路整然と読み解いていくいつもの姿とは少し違う立花さんを垣間見た。それは、理屈抜きでやらねばならないことがある！と強く主張する立花さんだった。番組の終わりに、原爆投下が人類史上まれに見る異常な出来事であるということに触れた上で、今なお、世界中に数多くの核兵器が存在している現状を指摘しつつ、こう語った。

立花：いろんな国々に核兵器が分散して、いろんな核戦争の可能性が見えつつあるけれども、でも依然として抑え込めているというそういう状態ですよね。僕はこの状態は保とうと思えば保てると思うんですね。とにかく「ねばならぬ」なんですよ――。単に予想じゃないんです。そうしなければならないという自覚を持てば、それはできるんですよ。で、それは人類が人類に対して責任を持つというかね、そういうことだと思うんですよ。つまり、神様なしでやるとすれば、人間が責任を持って地球を管理する以外にないわけです。

アナウンサー：でも、人はこれまでもそうであったように、過ちを犯しますよね。そこまでやっぱり、責任を負うこと、人を信じることって、できますかね？

立花：「ねばならぬ」だと思うんですよ。「できますか？」じゃなくて。「ねばならぬ」ことは、やんなきゃなんないんですよ。

「なぜ被爆体験を継承しなければならないのか」

核の被害を拡大させないために、人間の能力がいかに限定されたものであろうとも、「やらねばならぬことは、やらなければならない」と、強く訴える立花さん。次の世代に被爆体験を伝えようと、思い出したくない過去を、力を振り絞るようにして書いてくださった被爆者のみなさんの手紙。その思いを自分なりに全部受け止めた上で、私の中に新たな問いが芽生え始めていた。

あえて「なぜ被爆体験を継承しなければならないのか」という問いを考えてみたいと思ったのだ。やらされるのではなく、自ら進んでやりたいと思うようなことのひとつとして被爆体験の継承を位置づけるにはどうしたらいいのだろうか。その意義を少しでも言葉にできたなら、未来を担う若者たちにもその重要性が無理なく伝わるのではないか。これはものすごく難しい問いで、当然長崎でも広島でも、なんども問い直されてきたテーマである。

しかし私は、それを考えるのに大きなヒントとなるであろうものをすでに見出していた。

若き日の立花さんがエネルギーを注いだ「ヨーロッパ反核運動旅行」である。それはどのような状況の中で行われ、立花さんにどんな影響を残したのか。私は次なる企画を打ち立て、歩みを進めていった。

そうして制作された番組が二〇一四年十月二十四日に中国地方（総合テレビ）で、十一月七日に全国（総合テレビ）で放送された「プライムS　立花隆　54年ぶりの再会～ヒロシマ・ナガサキから未来へ～」だ。立花さんはなぜ反核運動にのめり込み、その後、なぜそこから離れてしまったのか。そしてそれが今どのような意味を持つのかを考えつつ制作した番組であった。そもそも立花さん自身が、被爆体験を継承し多くの人に知らしめようという強い意志を持つ人物だったのだ。立花さんが七十四歳、私が三十九歳のこのときに、この番組の制作のため、まさに真正面から向き合った。立花隆さんという存在を認知してから三十年。立花さん自身がその原点を見つめ直そうとする現場に、私がディレクターとして関わっている……。そのことへの緊張と、いま問い直そうしている問題の難しさで、何度も圧倒されそうになった。しかしこの番組制作の過程は、ひとりの人間としての立花さんの実像を私自身が少しずつ理解していく過程でもあった。

立花さんは、一九四〇年に当時の長崎医科大学病院で生まれている。そこは、その後原爆によって壊滅的な被害を受けた場所でもある。すでにそのとき立花さんは家族で北京に引っ越していて被爆していないが、被爆した病院の写真を見るたびに他人事ではないという思いにかられる、と言っていた。そもそも立花さんがこれほど長崎の原爆被害について自分の事として考えているとは……。それは幼い頃からそうだったようだ。

米軍の検閲から解き放たれ、初めて日本全国に原爆被害の実態を知らしめた一九五二年八月の雑誌「アサヒグラフ」。そこに掲載されていた写真に大きな衝撃を受けた立花さん、当時十二歳。世界ではすでに熾烈な核兵器開発競争が進み、その中で第五福竜丸事件も起きる。それが原水禁運動へとつながっていく。この過程を、十代の立花さんはリアルタイムで経験していたのである。

十九歳で東京大学に入学した立花さんは、持ち前のバイタリティーを発揮して様々なところから資金を集め、ヨーロッパでの反核運動旅行を実現してしまう。ロンドンで行われた反核を訴える平和行進に参加し、学生による国際会議に招待され、その後は被爆者の写真や映画を携えてヨーロッパを回った。何度も言うが、これは日本人が自由な海外旅行をすることが認められていない時代の話である。戦後を代表するジャーナリストとしての知的好奇心と行動力は、すでにこの頃からはっきりと現れていた。

カナダ人運動家との五十四年ぶりの再会

ここでやはり疑問が浮かぶ。なぜ立花さんはこれだけの熱量で取り組んだ反核運動を、少なくともジャーナリストとしての活動としては完全にやめてしまったのだろうか。その謎を解くキーパーソンとなったのが、カナダ人の社会運動家ディミトリ・ルソプロスさんだった。若き日の立花さんがヨーロッパで反核運動をしたとき、ある会議のカナダ代表であったのがディミトリさんだ。ディミトリさんは、自身の意欲だけでプロジェクトを実現して日本からヨーロッパにやってきた立花さんに興味をもち、ロンドン中を連れ回したという。その中で当時の最先端の学術研究や芸術など様々なことを立花さんに教えたというのだ。

帰国後も、ディミトリさんと立花さんの交流は続いていたが、立花さんのある手紙が「きっかけ」で、交流が途絶えてしまう。立花さんは手紙の中で、ディミトリさんが語る世界平和への道のりは理想論に過ぎず、何の現実性もないと指摘してしまうのだ。帰国後の立花さんが見たのは、六十年安保闘争の直後の日本。学生運動にしても他の社会運動にしても、声高らかに理想を叫ぶだけで、実際にどうやって社会を変えていこうとしているのか具体的なプランがない、という印象を立花さんに与えていた。ディミトリさんへの手紙もその流れの中で書かれた。しかし、ディミトリさんから返事がくることはなかった……。自らの問いについて議論する相手を失ったと感じた立花さんは、この「仲違い」を境にして、運動の担い手になるのをやめ、あくまで観察者（立花さんの言葉を借りれば「野次馬」）として現実に関与するようになっていく。ジャーナリスト立花隆誕生前夜の極めて重要な分岐点であった。

そのディミトリさんと立花さんは、二〇一四年八月に五十四年ぶりの再会を果たす。そして、この番組「プライムＳ　立花隆　54年ぶりの再会～ヒロシマ・ナガサキから未来へ～」の核心となる対話が行われた。立花さんが「仲違い」してしまったと思っていたディミトリさんには、実は特別な事情があったのだ。以下、番組から引用する。

立花：僕はとても失礼な手紙を書いたよね。あれから君が、なぜ返事をくれなかったのか、考え続けていたんだ。君が怒りに満ちた手紙を書いてくると思っていた。

ディミトリ：いやいや、違うんだ。僕がカナダのモントリオールに戻ったとき、学生主体の反核キャンペーンのリーダーになったんだ。それでとにかく忙しかった。カナダはとても広いだろう？　国内あちこちの大学にいかなければならなくて、大変だったんだ。だから君だけに返事を書かなかったわけじゃないよ。

このディミトリさんの言葉を満面の笑みで受けとめた立花さんは、その後、広島原爆資料館をディミトリさんと二人で見てまわった。そして世界の核兵器が今どこにあるかを示す模型の前に立ったとき、ディミトリさんは核兵器がひとつもないカナダを指差して、自らの経験を語り出した。

ディミトリ：カナダには核兵器がない。かつてはアメリカの核兵器が持ち込まれていたんだ。典型的なアメリカ式のやり方だが、核兵器を載せたソ連の爆撃機をカナダ上空で撃ち落とす、と言うんだ。その爆撃機がアメリカに来ないようにね。そんなことをしたら核兵器の残骸がカナダ国内に落ちてくるだろう。それで大きな反対運動を起こしていったんだよ。そういう歴史があったんだ。たくさんのデモがあったし、請願書を作って政府に提出したこともある。僕はそのすべての中心にいたんだ。

ディミトリさんは帰国後に核廃絶のリーダーとして活動し、カナダの非核化に大きな貢献をしていたのだ。これには立花さんも驚かされたようだった。かつて同じ志を持っていた友人が、そのままその志を持ち続け、その一部を実現していた。もちろん、立花さんが言論によって日本社会に大きな影響を与えてきたことは言うまでもないが、この日の対談において立花さんの中で何かが発火し、あふれ出すようにして出てきた言葉があった。

立花：一番大きなことは、国家だけは好きなことをやる。人を殺すこともできる、あるいは人を殺させることもできる。こういう世界の構造を変えない限り、本当の平和というのは訪れない。あの、長崎市や広島市は、一貫して、場合によっては中央権力に対して異議を唱えるということを、何度もやってきたわけで。堂々と今政府がやっていることはおかしいとローカルガバメントが言う。そのパワーを与えているものは何かといえば、六十九年前に何十万という人が、本当にあんな形で、全くわけがわからない形で、残虐な殺され方をした、その事実そのものだと思うんですね。

その犠牲者の思いを体の中に背負っているから、あの堂々と言うという行動ができるんだと思うんですね。

ディミトリ：君はいま、実に重要な指摘をした。広島や長崎などの都市が、政府に対して大きな役割を担うだろうという視点はすばらしい。

君に命令だ。もっともっと長生きして、価値のある記事や本をたくさん書いてほしい。ベストを尽くすと、約束してくれ。

立花：ありがとう。

立花さんがこの言葉を発したときの様子が今も頭に焼き付いている。体を震わせ、目に涙をにじませながら、全力で原爆犠牲者の無念をなんとか伝えようとしていた。なぜ被爆体験を継承しなくてはならないのか、その答えのひとつは、立花さんの指摘の通り、原爆で亡くなった方々の無念を生きている人間が忘れたりしてはならないからだろう。戦争が現代文明のダークサイドの一側面だと考えるとき、これだけの残虐な殺され方というのが現実にあるのだということを知ることは、最新のテクノロジーの恩恵を受ける暮らしを営む人間にとっての、最低限の義務だと言っていいと思う。二〇〇八年から断続的に立花さんと番組制作を共にし、さまざまな立花さんの見識をバラバラに記憶していたが、この時、自分の中でそれらがひとつの筋としてまとまっていくのを感じていた。

「立花隆　次世代へのメッセージ」

ディミトリさんとの対話を経て、自らの原爆被害への思いを見つめ直した立花さん。その個人史と対話の成果に加え、長崎大学の中村桂子准教授の依頼にこたえて行った特別授業の様子を盛り込んだのが、二〇一五年二月と八月にEテレで放送した「ETV特集　立花隆　次世代へのメッセージ　～我が原点の広島・長崎から」だ。ディミトリさんの「これからも発信し続けてほしい」という願いを受け止めた立花さんが、長崎の若者たちに対して、今考えていることを伝え、語り合う様子を記録している。

この番組は私にとって完結編とも言える内容になった。番組冒頭でも使っているが、立花さんは当時八種類ほどの薬を飲んでいた。そして当然、朝はひげを剃る。本筋とはほとんど関係はないけれど、ありのままの人間・立花隆を見せてくださったシーンのひとつとして印象深い。当時七十四歳の立花さんと、三十九歳の私。このころ、立花さんと最も近い場所で対話ができていたように思う。

長崎大学での特別授業ではまず、立花さんがこれまで戦争・原爆についてどのように考えてきたのか、その見識が語られた。その後立花さんはテーマを掲げ、三十人の学生たちを小さなグループに分けて考えさせた。そのテーマは「被爆者なき時代に何ができるか」。被爆者がこの世からいなくなったとき、被爆体験をどのように継承すべきか、という問いも含まれているが、被爆者がいない時代に、被爆体験を社会のために役立てるにはどうしたらよいのか、という問いも含まれていると私は感じていた。戦争については、体験者から話を聞いたり体験記を読んだりするしかない学生たち。そもそも被爆体験を継承しようにも、「継承すべきことは何なのか」から問い直す必要がある。

こんな印象的な意見があった。

「自分は被爆地の学生ではあるが、直接の被害者でもない。アメリカに生まれた子どもたちも加害者なのかと言ったらそうは言い切れない。一体どういう立場でこの話をすればいいいのか迷う」

ある学生は、「曾祖父は被爆者。でももうひとりの曽祖父は戦争で中国に行って、人を殺している。広い視野で見ないと、このことの意味がわからないな、と思う」。

学生たちは非常にフラットな視点でこの問題を見つめていた。それだけに、立花さんが紹介したディミトリさんのカナダでの反核運動の話は強い印象を与えていた。最後に行われた各グループの発表では、立花さんがカナダのケースを評して発した「国民が意識を同じくして動くことで、何かを変えることはできる」という言葉を引用して意見を述べる学生が目立った。そして「原爆による被害が二度と繰り返されてはならないということを、世界の共通認識にしたい」と語る学生もいた。

こうした発表を受けて、立花さんが講評する場面でのこと。言葉を発しようとすると、熱いものがこみ上げてきて、一切語れなくなる立花さんがそこにいた。一度水を飲んでから、再び、語りだした。

立花：いや、僕はこれまで、ほんとに日本の若い世代に、相当ネガティブな印象を持ってたもんで、この国は、もうすぐもう一回滅びるんじゃないかと、かつては思っていたんです。でも今日は全然そうじゃなくて、この国は、特に若い世代はすごい、という感じを持ったんですね。この日本を変えつつある気がします。歴史っていうのは、全部、その時代の人々の意見の集合として決まってくるわけですから、常に歴史は動いて、その方向は、まだわかりませんが、そういうことがあるということを、今日はすごい感じて、日本は、今日の皆さんの発表を聞いていると、むしろいい方向に、どんどん向かうんじゃないかという、そういう気がしました。

「人を動かすには熱をもって語れ」

この状況からもわかる通り、立花隆さんは「感激する人」なのである。ディミトリさんと語り合ったあの日もそうだった。強く心を動かされるものに出会ったとき、立花さんの言葉には炎のような情熱が宿る。

最後にある女子学生が質問した。

学生：実はここにいる学生たちは、たぶん、ほかの大多数の学生から見ると、特別、いわゆる意識高い系と、そういうふうに見られていると思うんです。なので、例えば明日、伝えようと思っても、なかなか伝えられなかったりとか、周りを巻き込むということを、すごく難しいなと考えている方も、たぶん、いるんじゃないかと私は思っていて、なので、立花さんから被爆体験、あるいは平和、あるいは、もうほんと全然関係なく、人が何か行動を起こすきっかけになるような要因だったりとか、そういった面でアドバイスがあれば、他人を巻き込むという点ですね。是非、教えてください。

立花：いろんな意味で、あの人間というのは、人を巻き込まないとダメです。あの個人的な生活もそうだし、これから会社に就職したり、あるいはいろんな組織に就職っていうか、活動に参加したり、いろんなこれから大人の生活が、ずっとその先に待っているわけですが、そのすべてのプロセスにおいて、いかにほかの人間を巻き込んで、自分たちがやりたい方向に、全体を持っていくかというね、それに、このあとの人生の一番大事なことは、それに尽きると思うんですね。で、人をどうやって巻き込むかは、熱意しかないです。あとは言葉ですね、言葉の力です。

言葉の力ってのは、ものすごく大きいです。言葉をより生かすためには、熱をもって語るっていうことが必要ですよね。いろんな試みは、皆さん、次々いろんなことをやるだろうけども、だいたい失敗します。思ったとおりにはなりません。それを覚悟して、とにかく一生懸命やるということを続けてもらいたいと思います。

ここで語られた言葉は、学生へのアドバイス以上のものである。ディミトリさんがカナダの世論を動かしたこと。立花さんは言論の世界に身を置き、世の中に大きな影響を与え続けたこと。被爆体験の継承は年々難しくなっていること。しかし被爆体験が何であるかは、ほとんど世界に知れ渡ることがないまま時間が経っていること。一人の学生が大人になって事を為すために、多くの人々との協働が必要であること。しかもそれがうまくいくことの方が珍しく、「それでも、なお！」と挑戦する気持ちが必須であること。そのすべてを含んで、立花さんは「とにかく一生懸命やるということを続けてもらいたい」と言った。あのとき私は、確かに、戦後最大のジャーナリストが「熱を持って語る」現場にいた。

以上が、「私が見た『立花隆のすべて』」である。

立花さん、本当にありがとうございました。
あなたの言葉には多くの人々を動かす力があった。僕もあなたの言葉を受けとった人間のひとりです。

二〇二一年八月九日

山中　賢一

長崎でのアテンド日記

立花隆さんの好奇心

長崎市職員　長瀬 雅彦

最初の出会いは軍艦島

私が立花隆さんに出会ったのは平成二十二年（二〇一〇）三月二十八日（日曜日）、「明日、立花さんを軍艦島に案内してほしい」という、田上富久市長からの要請だった。

立花さんは、前日の長崎ブリックホールでの市民健康講座「がんと共に生きる」（長崎医師会主催）の講演のため来崎。講座に出席した田上市長と言葉を交わす中で、端島（軍艦島）行きを希望されたとのことだった。

当時の私は長崎市の世界遺産推進室に在籍し、二〇〇七年に世界遺産の暫定リスト入りした「長崎の教会群とキリスト教関連遺産」（世界遺産登録名「長崎と天草地方の潜伏キリシタン

軍艦島に立つ立花さん(中央)

関連遺産」）と、二〇〇八年に暫定リスト入りした「九州・山口の近代化産業遺産群」（世界遺産登録名「明治日本の産業革命遺産～製鉄・製鋼、造船、石炭産業～」）、これらふたつの世界遺産登録を目指していた。

業務の中には、それぞれの歴史を今に伝える物証（構成資産）に専門家を案内し、世界遺産登録のためのアドバイスを受けるというものがあった。

軍艦島は「九州・山口の近代化産業遺産群」の構成資産の一つで、長崎港から南西約十九キロメートルの海上に浮かぶ「端島」の通称である。一八九〇年（明治二十三年）から三菱の経営によって主として八幡製鉄所に向け製鉄用原料炭を供給（石炭の総産出量 約一五七〇万トン）し、日本の近代化を支えてきた。当初、この島は、草木のない水成岩の瀬にすぎなかったが、周辺の埋立を繰り返しながら炭鉱を開発、島内には従業員のための高層アパートが林立し、最盛期には五千人を超える海底炭鉱の島になった。この姿が軍艦「土佐」に似ていたことから「軍艦島」と呼ばれるようになったといわれている。しかし、昭和三十年代後半からは、エネルギー改革の嵐による合理化が進み、一九七四年（昭和四十九年）一月十五日閉山、同年四月二十日に無人島となっている。

世界遺産の審査と言えば、条約に基づいて厳格な手続き・審査のもとに行われるという印象であるが、事前の調査では、専門家が各々のスケジュールやルートで、突然やってきて案内を求めてくるというのが常だったので、市長からの急な要請に、特別な驚きはなかった。

しかし、今回ばかりは少し勝手が違った。あの立花隆である。

立花隆と言えば、時の首相の罪を糾弾した第一級のジャーナリストである。

下手な事を言ったりしたらご機嫌を損って田上市長に迷惑をかけるのではないか、と、少し怖いような気持ちになった。

しかし、怯んでいる暇はない。

私は早速、馬場広徳さんに電話を入れた。馬場さんは巧みな操船技術で我々を軍艦島に運んでくれる野母崎の野々串漁港「ゑびす丸」の船長だ。軍艦島に人がたくさん住んでいたころ、伯父さんと一緒に食料品などを運ぶ「野菜船」を運航し、島の生活になくてはならない存在だったというから、これほど頼もしい人はいない。

この時の軍艦島はドルフィン桟橋などの上陸施設の整備を終え、前年の二〇〇九年四月から観光客を受け入れていた。しかし、今回の上陸は、旧端島小中学校付近にある水深の浅い船着き場を利用するため、潮位による時間制約が厳格に存在する。馬場船長は何かを見て調べる様子もなく、あっという間に明日の上陸可能な時間を教えてくれた。案内のための最大のハードルが突破できた瞬間である。本当に頼もしくありがたい限りだ。

船は準備できた。次は野々串漁港までの足の確保である。

立花さんと、同行のゼミ生さん、そして、安全対策も考え吉原という職員を同行させることにした。いつも案内に使っていた車は土日のため手配のしようもなく、私の車を出すことにした。しかし、この時ばかりは、この選択が功を奏した。

翌朝、私は立花さんの滞在先であるホテルに車をつけた。

一九六六年式フォルクスワーゲン タイプⅡ。いわゆるワーゲンバスである。

趣味が実益を兼ねた、とでも言おうか、青と白のツートンカラーに塗り分けたこの車で海外の専門家などを案内すると、非常に喜ばれるだけでなく、話題の種にもなるので重宝するのだ。「子供のころ父親がこの車に乗っていて、よくドライブに行っていた。なつかしい！」とか、「こんな古い車を大事にしている担当者が世界遺産をやっているのなら大丈夫だ！」などなど。構成資産よりもたくさん車の写真を撮ったのではないかと思う専門家もいたほどだ。

ホテルの玄関には、既に立花さんと若いゼミ生さんが待っていた。おや、珍しい車が走ってきたな、というような表情でこちらを見ている。

「おはようございます。長崎市世界遺産推進室です！」とあいさつすると、立花さんの顔に満面の笑みが広がった。

「ああそう！　今日はこの車で行くの！」

面白そうな奴らが来た。今思えばそんな表情だったのかもしれない。「知の巨人」立花隆の好奇心に火をつけてしまった一日の始まりだった。

ホテルから野々串漁港まで一時間弱。ワーゲンバスの中では立花さんから車についての質問攻めである。

この車はいつ買ったの？　どうやって手に入れたの？　修理はどうやってるの？　どのあたりまでオリジナルの部品なの？　などなど……恐るべし「知の巨人」

興味の対象は、森羅万象なのだ。

漁港に着き、今度は小さな漁船で軍艦島に渡ることが分かると、立花さんはますます

説明を聞く立花さん(右)

れしそうな表情を浮かべた。

「これで行くの?!」

正直、高齢の域に差し掛かっている立花さんの移動手段としては、ちょっと厳しい選択だったかもしれないと心配していたが、そんな心配は無用だった。

岸壁に垂直に固定された梯子を下って乗船した後、馬場船長の巧みな操船により十五分ほどで軍艦島に到着した。下船のためには、船に微速前進をかけたまま舳先を岸壁に押し付けている短い間に、素早く飛び移る必要がある。しかし、立花さんは足取りも軽く、いとも簡単に上陸してみせた。

鈍く銀色に光る重いステンレスゲートを開けた。巨大な構造物群とともに、それらをはるかに超える静寂が我々を圧倒した。

ヘルメットの着用をお願いした。嫌がる文化人も多かったが、それはなかった。旧端島小中学校から、六十五号棟、端島病院、六十七号棟から十六号棟を経て端島神社に至るルートを歩いた。六十五号棟では建物の内部まで案内し、往時の島民の生活ぶりをイメージしやすいように説明した。

立花さんは、基本的に目についたものを、あれは何かと聞いてきた。その内容は純粋な好奇心に満ちたものであり、島の成り立ちなどについては、聞き役に徹するといった印象だった。考えてみれば、「知の巨人」である。文献等に詳しいものは自身で調べるに違いない。ただ、世界遺産登録を目指すモチベーション、見学用の上陸施設に託した我々の思いなど、私たちにしか語れないようなことについては、真剣な面持ちで、なぜそう思うのかとどんどん掘り下げて聞いてくる。

終わりのない質問攻勢に逃げ場を失った私は、「採炭盛りし頃の軍艦島の写真を見て、家族全員でこの地に移り住み、子を育てながら『ご安全に』という言葉で危険な坑内に夫を送り出す母親の姿に心を打たれた。その姿こそが、今の経済発展の原動力であり世界遺産に値すると思うから頑張れる。軍艦島を訪れる人にもそこを感じてもらって親への感謝などに繋がれば嬉しい」という勝手な思いを話した。

立花さんは、いつもフラットに耳を傾けてくれた。質問も、難解に感じるようなものはなかった。また、案内役である我々への敬意にも満ちていて、とても純粋な方という印象を受けた。

軍艦島を見た立花さんはその後、土木学会誌に「シビル・エンジニアリングの新しいあり方」と題する論説を寄稿している。（この本に再掲）

私がこの論説を読むのは立花さんの次の来崎の時になるのだが、その内容は案内していた時の質問からは全く想像のつかないものであり、あの時こんなことを考えていたのかと驚いた。立花さんの頭の中には、求められた題材に対する無数の引き出しが存在していることを改めて実感した。

端島神社での説明を終え、ゼミ生さんが撮影してくれた記念写真に納まったところで軍艦島を後にした。

野々串漁港への帰還を無事に終え、ワーゲンバスに乗って一息ついたところで、「お疲れになりませんでしたか？」と尋ねたら、「君たちまだ時間ある？　どこか行くとこないかな？」と、疲れを少しも感じさせない笑顔で聞いてきた。

好奇心の塊であることを確信した。唐突のオファーには免疫ができていたはずだったが、我々は悩んだ。

何度も言うが、相手は「知の巨人」である。田上市長からの要請による軍艦島ならともかく、下手なところを提案したら、ご機嫌を損ねてしまうのではないか…なにより自分たちに案内・説明できる場所も限られている。

いったいどこに案内すれば良いのだろう。

「長崎にも原爆資料館あるの?」

ワーゲンバスを走らせながら、世界遺産を目指している他の構成資産、とも考えたが、ふと長崎の原爆資料館を見て欲しいという気持ちが浮かんだ。原爆資料館は、同行している吉原の前の職場でもあった。

「もう、行かれた事があるかもしれませんが、原爆資料館はいかがでしょう」と提案すると「え、長崎にも原爆資料館あるの? 広島の資料館には何回も行ったけど、知らなかったよ。行こう行こう」と即答である。

内心、資料館の存在を知らないはずはない、と思った。多分、どんなところを提案しても、同じように返してくれたに違いない。あの返事は、おそらく立花さんの優しさだったのだ。

ワーゲンバスが長崎市内に戻ってきたところで、どこかで昼食を、という話になった。

「やっぱ長崎名物、ちゃんぽんとか皿うどんですかねえ」という吉原の提案により、原爆資料館にほど近い中華料理店に行くことになった。

席に着くなり、「やっぱりちゃんぽんがおすすめなの？」という立花さんの問いに「私は皿うどん派ですね」と即答する吉原。

立花さんは、またいたずらっぽい笑みを浮かべて、「そういうのがあるんだ。地元の人でもどっちが好きとかあるんだねえ。面白い、面白い！　じゃ、僕も今日は皿うどんにしよう」

ちゃんぽんや皿うどんで楽しい時間を過ごした後、原爆資料館に向かった。

案内役は前に資料館にいた吉原が行うことになった。しかし、在職期間は一年ほど。少し不安を感じた。

相変わらずの質問攻めに、記憶を辿りながらなんとか答える様子にヒヤヒヤしたが、実は結果的にこれがよかったのかもしれない。この案内からあまり間を置かないこの年の七月、立花さんは再び原爆資料館に来ることになるのだ。

案内も終盤に差し掛かったころ、立花さんの姿はある写真の前に長くあった。しばらく様子を見ていると、ふいにこちらを振り返り「僕ね、ここにいたんだよ」と笑顔で写真を指差している。立花さんが学生時代に参加したイギリスでの集会の一コマだという。

「え！　そうなんですか？」と言うと、「あ、この写真には写ってないよ。でも、学長に掛け合って、旅費出させたりしたんだよ。へへっ」と、学生のころの思い出をなつかしそうに語ってくれた。でも、ここに行ったことは、あんまり言って来なかったらしい。

来崎二回目　平成二十二年（二〇一〇）七月二日～五日

私が知る立花さんの来崎は、軍艦島の見学を含め計七回だ。七回のうち六回は講演やテレビの取材などを兼ねたものだが、今回は、前回の原爆資料館訪問がきっかけになったように思う。

短期間ではあったが、下平作江さんや秋月寿賀子さん、聖コルベ記念館の小崎登明修道士との対談のほか、原爆資料館をはじめ被爆遺構や旧長崎医科大学資料収集保存部を訪ね、収蔵資料・映像・標本などを調査している。

秋月さんとの対談は、吉原が長崎市立図書館併設の救護所メモリアルの展示設計をする際、被爆者の救護経験のある秋月さんからもアドバイスを得ており、てっきり原爆関係かと考えていたが、実は秋月さんが、活水女学校の教員だった立花さんの父親の教え子という縁から、お話を聞くことになったのだと教えてくれた。

三日には田上市長と昼食を共にし、私も当時の被爆継承課の松尾隆被爆資料係長とともに同席した。軍艦島を見た立花さんが土木学会誌に論説「シビル・エンジニアリングの新しいあり方」を寄稿したことを知ったのはこの時だ。

田上市長が読んだ後、恐る恐る読ませてもらった。私が読み終えるのを待っていたかのように市長から「この上ない評価を立花さんにいただいてよかったね」という言葉をもらった。

昼食の後、松尾係長の案内で立山防空壕を、小崎修道士の案内で本河内の聖母の騎士修道院聖コルベ記念館を訪ねた。途中、立花さんは松尾係長が車窓から指さす鳴滝方面を見ていた。鳴滝は立花さんが二歳まで住んでいたところだ。

聖コルベ記念館は、平和を希求する自治体の職員でありながら、私にとって初めての場所だった。この時まで、アウシュビッツ収容所とかかわりを持った人物が、この長崎に存在していたことを知らなかった。

立花さんは聖コルベ記念館で自身の無知を恥じる私に、いつも通りに接し、たとえ答えられなかったとしても、質問を投げかけてくれた。こうなってくると、立花さんの後方支援というより、もはや最高に出来の悪い門下生である。

戦争がもたらしたものは、被爆だけではなく、もっとたくさんある。関心を持ってもっともっと知りなさい—、そこには次世代に戦争を伝えることの重要性を我々に伝えようとする立花さんの姿があった。

来崎三回目　平成二十三年（二〇一一）七月二十六日〜三十一日

この時は、原爆資料館で開催された次世代フォーラム（集英社主催）における「次世代に語り継ぐ戦争」と題する講演（七月三十一日）のための来崎である。

原爆資料館と、長崎大学医学部の再取材に加えて周辺の被爆遺構なども取材したいということで、原爆資料館の松尾係長、奥野正太郎学芸員とともに、山王神社の一本柱鳥居や坂本国際墓地、被爆クスノキや日本二十六聖人殉教地などを案内した。

長崎大学医学部の旧配電室（現在のレストハウス）周辺を訪れた際には、案内板の長崎医科大学附属病院の写真（米軍撮影のカラー写真）を見て、写真の撮影場所や爆心地からの方向、距離、その時の温度や爆風速、なぜ写真に色がついているのか、などについての質問がなされた。周辺の遺構や案内板についても同様に質問が繰り返され、なかなか思うように行程が進まなかった。奥野学芸員は、説明を終えたあと「自分が生まれた場所が、このように荒廃してしまったことは、とても感慨深い」という立花さんの言葉を聞いている。

立花さんが長崎医科大学附属病院で生まれたことは知っていたが、実際、現地を訪れ、学芸員に詳細な質問をする姿には、いつもの好奇心とは異なり、ご自身のルーツを辿る懸命さを感じた。

山王神社の案内では、桐野耕一さん（長崎さるくガイド）の紹介を得て平和案内人の白鳥純子さんに助けてもらった。白鳥さんは「尊敬していた立花隆さんの突然の登場に、緊張も一入だったが、それ以上に、立花さんの聞き役に徹する純粋さや、単なる案内人である自分を気遣うお人柄に感動した。嬉しかった」と回想してくれた。

山王神社では、タイミングよく樹木医の先生がクスノキを診察中であった。好奇心の塊である立花さんは、足場を指差して「のぼっていいですか」と笑顔で一言かけると、のそのそと登り始めた。樹木医の先生は、ちょっと驚いたように「大丈夫ですか？」と心配しながらも、説明にうんうんとうなずく立花さんを相手に、嬉しそうに話を続けていた。楽しげに会話するお二人を、我々は、夏の日差しの中しばらく見守っていた。

来崎四回目　平成二十五年（二〇一三）八月三日〜四日

この時は、レイコ・クルック氏の著書『赤とんぼ』出版を記念して開催された「立花隆氏と『戦争と人間』を考える」シンポジウム（長崎文献社主催）のための来崎である。

今回の来崎では、大石一久研究グループリーダー（当時）の案内で長崎歴史文化博物館を見学。犯科帳などの書物関係に関心を示した。この場所が奉行所跡であること、見学者のためにお白州を再現した劇が行われていることを説明すると、「へえ、面白いね。遠山の金さんみたいなの？」と聞くので、吉原が「遠山の金さんの父親が長崎奉行だったたと思います」と答えると、「ああそう！　あながち外れじゃなかった！」と楽しそうに笑っていた。

その後、国立長崎原爆死没者追悼平和祈念館を智多正信館長（当時）の案内で見学した。

館内の説明に対しては、いつものように淡々と聞いていた。しかし、最後に紹介した被爆者の証言を集めたアーカイブコーナーで、立花さんの表情が一変した。大量の証言を前にしばらく言葉を失った後、

「これは、公開しているんですか？　もっともっと、たくさんの人に見てもらうべきだ。その努力をするべきだ。そうする責任が、証言を預かっているあなた方にはある」

静かに、しかしはっきりと立花さんはそう言った。

我々は、その言葉に打たれたような気持ちになった。

帰り際、立花さんは館内に設置されたシステムに向かい、タッチペンを使ってメッセージを書き込んだ。この時同行していた立花さんの秘書の菊入直代（立花さんの実妹）さんによると、立花さんは、こういったメッセージを残すことはめったになく、しかも、この手のシステムが、あまり得意ではないとのことだった。しかし、立花さんは、そんなことを気にする様子もなく、以下のメッセージを遺してくれた。

みんなへ　立花隆

「言葉もありません。

皆言葉をうしなう体験をすべきです。」

作った日　2013-08-03　16:00:54　立花隆　73歳　男性　東京

〝関心を持ちなさい。もっともっと知りなさい。感じなさい〟という立花さんの一貫した思いがそこにあるように思った。だからこそ証言を預かっている者の責任の大きさというものを我々に突き付けたのだと感じた。

四日のシンポジウムのあと、長崎空港まで送っていった。立花さんに長崎文献社の堀さんを紹介してもらったのはこの時である。

空港には長崎歴史文化博物館の大石一久先生も駆け付けた。大石先生が長年の研究を経て天正遣欧使節団の一員であった千々石ミゲルの墓（推定）にたどり着き、所有者の浅田昌彦氏とともに来年（二〇一四）から発掘調査を開始するという話を、立花さんにしたことがきっかけだった。

「軽く何か食べたいんだけど」と立花さんが言うので皆で空港のレストランに入った。「何がおすすめなの？」という問いに「角煮まん、最近デビューした名物ですが、なかなか侮れませんよ」と吉原。

角煮まんがテーブルに出てくると、立花さんは物珍しそうに手に取って頬張った。そして美味しそうに食べてしまうと、立花さんの興味は再び千々石ミゲルに戻った。

「千々石ミゲルは、キリスト教を棄教したと伝えられるが、その後もカトリックゆかりの地を転々とするなど棄教には疑念がある。墓からキリスト関連のものが出てきたら、歴史が塗り替わりますよ！」と研究対象に本気で向き合う大石先生に、ここでも立花さんの好奇心に満ちた質問攻めが続いた。「真実というものは原点から探らないとわからない」という立花さんの言葉に、学問に対する厳しさを感じたと大石先生がこの時のことを回想している。

搭乗口に向かう立花さんの手には、お土産の角煮まんがあった。

来崎五回目　平成二十六年（二〇一四）八月八日～九日

この時は、NHK広島放送局 山中賢一ディレクター（当時）による「立花隆　54年ぶりの再会　～ヒロシマ・ナガサキから未来へ～」という番組制作のための来崎である。

今回の来崎に先立って、立花さんの携帯から私の携帯にショートメールが入った。初めてのことである。しかも、二回。

一回目は、六月八日13：00「また長崎に行く予定があります。また電話します」というものだ。が、そのメールに私が返信した記録がない。多分、私はすぐに立花さんに電話して、喜んでお待ちしている旨を伝えた、と信じたい。

二回目は、来崎当日の八月八日12：59「四時頃着きますが、まずは秋月さんにお会いして撮影をすませます。その後は終わった段階で決めます。やどはながさきまんいんだったので、諫早です。」というものだった。今度はそれに対する返信記録がちゃんと残っていたので安心した。

立花さんの携帯が、ガラケーだったのかスマホだったのかはわからないが、「キーボードも使えず原稿も太い万年筆」（二〇〇三年佐々木千賀子著立花秘書日記）という立花さんの執筆スタイルからは、メールを打つために携帯電話の小さなキーボードを操作している姿が全く想像できない。が、「やどはながさきまんいんだったので」という未変換のままの一文を見たとき、ほかの誰かに頼まれたのであれば、こんな変換ミスはないだろう、と思った。むしろ、あの立花さんが苦手なメールを打ってくださったのだと考えたら、今でも胸が熱くなるほどうれしい。このメールは私にとって、大げさではなく生涯の宝物だ。

さて、宿は諫早とある。早速、夕食の手配を吉原に依頼した。

「この時を待ってましたよ。諫早の町っ子の意地とプライド見せてやりますよ。やっぱウナギっすよ」と、妙に張り切っている。

しばらくして、父親の幼なじみのうなぎ屋を押さえたと自慢げに連絡してきた。聞けば吉原、私の依頼の後、すぐに菊入さんに電話して、立花さんはウナギを食べられるか、今回のスタッフは全部で何人なのかを確かめたらしい。なるほど納得である。

夕方も過ぎたころ、私たちは、秋月寿賀子さんとの撮影を終えた立花さんらと合流した。一年ぶりの再会である。長崎入りしたのが十六時ごろで、そのまま秋月さんとの撮影に臨んだらしく、疲れが心配されたが、とても元気な様子だったので安心した。

菊入さんと吉原を乗せた私の車が、立花さんが乗ったＮＨＫの局車を従えて長崎からうなぎ屋のある諫早に向った。今回の私の車は八十八年式のルノーキャトル。水色の小さなフランス車である。エアコンはない。立花さんにＮＨＫの局車を勧めた理由だ。しかし、フランスの車ゆえに石畳での走行を得意としていて、バネが非常にやわらかく乗り心地がいい。だから、石畳の多い長崎では重宝する。だが長崎、石畳も多いがそれ以上にカーブが多い。カーブを切るたび右に左にゆらゆらとても大きく傾く。その様子を後ろから見ていた局車の中では、そのうちに転ぶのではないかと大笑いしながらも心配しきりだったと、後から局車の運転士さんから聞いた。

うなぎ屋に着いた。席に着きウナギが出てきたら、好奇心旺盛な「知の巨人」がまた出てきた。

吉原に「ここウナギは天然ものなの？」と聞いている。「天然ウナギは万の金がかかるらしいっすよ。この間ウチの息子が店の人に聞いてましたもん」。

「知の巨人」に対してなんという返答か、と思っていると、「息子さん面白いね」と立花さん。みんな大爆笑である。好奇心の次の標的は、私が乗ってきた水色の小さな車だ。ワーゲンバスの時と同じく、いつ買ったの？　どうやって手に入れたの？　修理はどうやってるの？　と質問が続く。今度は車好きのＮＨＫスタッフも巻き込んで、ワイワイと楽しい時間を過ごした。

翌八月九日は、長崎に原子爆弾が落とされた日である。ホテルに迎えにいき、二歳まで住んでいたという鳴滝での撮影を見届けたあと立花さんと別れた。その後立花さんは十一時二分を平和公園で迎え、そこを中心とした撮影を済ませたあと、再び広島に向かうスケジュールだったと記憶している。

十一月七日、今回のロケを経てＮＨＫ「立花隆　54年ぶりの再会　～ヒロシマ・ナガサキから未来へ～」が全国放送された。番組の中で立花さんはこれまで我々が案内した数々の原爆関連遺構を自分の言葉で説明していた。とても嬉しかった。

放送日の夜、私の携帯が鳴った。

「見ましたか？　どうでしたか？」立花さんの声だった。

「長崎の原爆資料館の写真を指しながら私たちに『僕、ここにいたんだよ』と教えてくださったイギリスの集会が原点でよすね。よく分かりました」と、答えた。

立花さんの声がいつも以上に機嫌よく弾んでいたことを覚えている。

来崎六回目　平成二十七年（二〇一五）一月十六日～十七日

この時は、ＮＨＫの「立花隆　次世代へのメッセージ～わが原点の広島・長崎から～」という番組制作と、長崎の学生たちに向けての講義「被爆者なき時代に向けて」（長崎大学ポンペ会館）のための来崎である。

ポンペ会館に入っていくと、立花さんはすでに打ち合わせ中だった。

しばらくして、会場には参加する学生たちが集まってきて、そう大きくない部屋はすぐにいっぱいになった。講義は、長崎大学核兵器廃絶研究センター（ＲＥＣＮＡ）の中村桂子准教授の進行により、立花さんの話、学生たちによるワークショップと進んでいった。

その時の立花さんは、いつもと少し雰囲気が違った。これまでの立花さんは、どちらかというと、聞き手に徹することが多い印象だったが、その日は、明らかに、何かを強く発信する、という空気をまとっていた。もともと東大でゼミを持っていた立花さんは、若者に対して何かを伝える、ということにとても真剣な方だった。

講義では、今自分たちが見ているもの、聞いているものに対し、想像力を働かせることの大切さを説いていたように思う。学生の「どうやったら人を巻き込むことができるのか」

という問いに、立花さんは「熱意と言葉の力。熱意をもって話すこと。とにかく一生懸命にやる。ということを続けて欲しい」と答えていた。

それは、私にとって、目の前の若者たちより長く生きている分、耳に痛く、そして胸に響くメッセージだった。

来崎七回目　平成二十七年（二〇一五）六月五日〜六日

この時は、大学教育学会主催による「『考える』とはどういうことか」（長崎大学中部講堂）の講演のための来崎である。

講演に先立つ五月二十七日、菊入さんから電話が入った。

「今回、私は同行できそうにないので、立花を頼む」、要はそういうことらしい。聞けば、講演の際のパワーポイントの操作も含んでいる。緊張を超えて、絶句である。しばらくしてパワーポイントのデータが私の元に届いた。どうやら冗談ではなく本当のようだ。

緊張と不安のうちに講演日の前日がやってきた。

「何かお困りのことはありませんか」という私のメールに、

「まだ何も原稿ができてないことです」菊入さんからすぐに返事が来た。

どうやら菊入さんも立花さんと一緒に長崎に着いているようだ！　それまでの私の不安

は一気に解消した。が、菊入さんの困りごとに、私ができる事などあるわけもなく、夕食の手配がまだなのを確認して、宿にほど近い居酒屋に席を用意した。明日の原稿がまだのはずなのに、長崎サラダから始まった食事の間、立花さんにあわてた様子はなかった。夕食を済ませた後、立花さんは菊入さんの手でホテルに缶づめとなった。「先生、間に合われるんでしょうか……」という私の問いに、菊入さんは涼しい顔で、「まあ、いつものことなんですよ。でも。本番ではちゃんとまとまってるの。不思議なのよね」と答えた。

講演の日の朝が来た。パワーポイントはそのままに、内容を口頭で追加することが決まっていた。講演が始まった。立花さんの横には菊入さんが座っている。菊入さんの役割はパワーポイントの操作だけではなかった。立花さんが少し話に迷うと、すばやく付箋にペンを走らせ、あっという間に立花さんに渡している。立花さんはそれを見て、何かを思い出したように話し出していた。その役割を担っていたかもしれない自分を想像したとき再び絶句した。

私は菊入さんの来崎に心の底から安堵しながら、立花さんの様子を舞台袖から見ていた。特にお手伝いすることはなかったので、初めて立花さんの写真を撮った。立花さんの写真嫌いをどこかで聞いていた私は、これまで一度も写真を撮ったことがなかった。軍艦島で撮った写真は、同行したゼミ生さんが、立花さんに無理にお願いして撮影してくれた貴重なものだ。

実は、この講演ののち、立花さんは私の自宅に寄ることになっていた。立花さんもとても楽しみにしていたという。しかし、私の急な用務でそれは叶わなくなった。立花さんにお詫びを言った。とても残念がってくれたが、理解してくれた。私は立花さんとしばしの別れを告げて用務地に急いだ。しかし、これが立花さんと私が顔を合わせた最後の時になった。

アウシュビッツ行きの計画はかなわず

「アウシュビッツに行こう。アウシュビッツの記憶の継承の仕方を見るべきだと思う」

六回目の来崎を終えた頃、立花さんからお誘いを受けた。

しばらくして菊入さんからメールが入った。「立花ゼミ出身の方々を含め十名ほどでポーランドの旧アウシュビッツ収容所を見学する。しかし、そこでガイドによる説明を受けるためには、かなり前から予約して審査を通過しておく必要がある。参加の有無について早めの返事を」とあった。

読み終わったあと、私の脳裏にこれまでの立花さんからのメッセージが不意によみがえった。立花さんはいつも一貫していた。

〝関心を持ちなさい。もっともっと知りなさい。感じなさい〟

立花さんは、被爆者の声、体験者の声を伝えること、知ろうとすることについて、我々に対し常に問いかけておられたように思う。伝え方は今のやり方でよいのか？　ちゃんと伝わっているのか？　それを考えるためにも、まず、他所のことを知りなさい、という思いから声をかけてくれたのではないか。

潜伏キリシタンの話をした時もそうだった。世界遺産をきっかけに外海の人が自らの信仰の歴史を少しずつ語ってくれるようになったことを話したとき、立花さんは「伝えてくれた人たちのために書き残しなさい。それは、聞いた人にしかできないことだから」と我々に言ってくれた。

体験を伝えること、文字にすることを何より大切にしている立花さんが、我々に新しい体験をもたらそうとしてくれている。

もはや行かないという選択肢はない。私は、パスポートの有効期限を確認した。しかし、立花さんとアウシュビッツへ行くことは叶わなかった。徐々に、立花さんの体調が悪化。ついにドクターストップがかかったのだ。

「間に合わなかったわね……。体調が悪くなってしまう前に、行きたかったのだけれど」と菊入さんが残念そうに連絡をくれた。

「お元気になられたら、また計画しましょう！」とその時私は言った。だが、その日は来なかった。

最後に

私が上京した際、立花さんのところにお邪魔したことが何度かあった。ご近所を一緒に歩いた。ご自宅でおでんをごちそうになったこともあった。猫の話も聞いた。

「猫ビル」にもお邪魔した。猫ビルでは地下の排水ポンプの調子が悪いというので、見てみたら水深センサーに不具合があった。そう伝えたら、「ありがとう」と喜んでくれた。蔵書量の多さに圧倒され、「地震が来たらひとたまりもありませんね」と言ったら、立花さんは、にこっと笑いながら「僕もそう思うんだよね！」といたずらっぽく返事をしてくれた。出来の悪い門下生にとことん優しい方だった。

お会いするたび、体調が思わしくなくなっていった。次に長崎に来たら行きましょう。と約束した場所にも、もしかしたらもう行けないのか、と思うようになった。

やがて、新型コロナ感染症の拡大により、東京との往来も難しくなって、お会いする機会もないまま立花さんはいなくなってしまった。

しかしひとつだけ果たすことができた約束がある。

書き残すという約束。少しだけれども外海での体験を書き記した。「天地始まりの聖地長崎外海の潜伏・隠れキリシタンの世界」という本の完成である。この本は、大石先生の指導のもと、潜伏キリシタンの末裔であり、現在は天福寺の総代である松川隆治さんほか多数の専門家が参加して執筆したものだが、我々もその中に参加させてもらった。二〇一八年五月の出版後すぐに立花さんにお送りしたが、感想は怖くて聞けないままだった。

今でも忘れられないのは、立花さんの「とてもとても単純なんだよ」という言葉だ。「人間はね、バカじゃないんだから。自分で自分を滅ぼすような真似はしないし、しちゃいけない。でも、それをできないと言ってる。若い人には、とてもとても単純な事に気づいて欲しい。そして、声を上げてほしい」と。

あの日、立花さんに出会い、長崎原爆資料館にご案内したことで、長崎の若者たちに立花さんのメッセージを伝えるきっかけを作れたのなら、私も、ほんの少しだけ、「知の巨人」の功績に関わることができたのかもしれない。

立花さんの訃報から間もなく、ネットであるものを見つけて驚いた。オーディオ誌CDつき/立花隆のDAT録音による「チェコ解放の瞬間」/CDマガジン季刊1990Spring。慌ててボタンをクリック。購入した。

実はこれに先立つ六年ほど前。東京の立花さんを訪ねた際、父親の話になった。私の父は生前音楽の教員をしていて、夏休みで授業がない期間中汗だくになって毎年楽器をひとつずつマスターしていたこと。また、若い頃から離島勤務が長く生のクラッシック音楽を聴く機会に恵まれなかったので、給料をやりくりして大きなステレオを買い、レコードを集め、ひたすら聴いていたこと、その影響からか私も小さいころから父のステレオに触れオーディオ関係の雑誌を読み漁っていたことなどを話した。

そうしたら不意に立花さん、「実は僕も音を忠実に再現することに夢中になってしまい、秋葉原に通い続けたらこんなことになってしまったんだ」と、嬉しそうに私を少し離れたマンションの一室に歩いて案内してくれた。

ここにもたくさんの蔵書があった。そのいちばん奥、一段上がったあたりにそれらはあった。

ほこりをかぶり、しかし整然と並ぶ機器類、そして経年だろうかサランネットが垂れ、エッジも切れてしまったスピーカー、針を失ったカートリッジ……。

それらに再び音を鳴らす余力があるのかは分からなかったが、まさに中高生のころ雑誌の中で夢見た機器の数々だった。読み漁った記事の中には立花さんが書いたものもあったに違いない。

「このままここにあっても何にもならないから、使うんだったらあげるよ」と立花さんが私に言った。

講演の最中、笑顔で質問に答える立花さん

それらに再び音を鳴らせる余力があるかどうかはもはやどうでもよかった。

「そろそろ立花のものを整理したい」という菊入さんの後押しもあって、二〇一五年五月、それらはたくさんのレコード、CD、音楽関係の雑誌とともに長崎にやってきた。少し時間をかけて、かつてのとまではいかないだろうが再び音が鳴り始めた。この作業は今も続いている。

こうして今長崎にあるかつて立花さんが愛用したオーディオ機器で、届いたばかりの「チェコ解放の瞬間」を再生した。

音だけを聞いているはずなのに、集会の雑踏やアジテーションの雰囲気が、自分もその場にいるような錯覚を伴って私を包んだ。鮮やかにその瞬間の真ん中にいた立花さんと重なった。

〝関心を持ちなさい。もっともっと知りなさい。

感じなさい〟

譲り受けた機器のなかに見つけた黒いポータブルＤＡＴレコーダーを手に、自然と涙があふれていた。

本当はもっとたくさん話をしたかった。でも、それは分不相応な欲張りというものだろう。これからの私たちがなすべき事は、立花さんが若者たちに蒔いた種を芽吹かせ、大切に育てる事なのかもしれない。

立花さん。どうか、これからも長崎という街を見守っていてください。あの、好奇心に輝いた瞳と、いたずらっぽい笑顔で。

本当にありがとうございました。心から感謝申し上げます。

編集者から見た「知の巨人」

無名時代からの「立花隆」の実像

編集者　堀 憲昭

（文中敬称略）

はじめに

いまベストセラーにランクインしている『知の旅は終わらない』（文春新書　２０２０年）は、立花隆の自伝として非常にわかりやすく、さすがに要領よくまとまっている。巻末の年譜もかれの生涯を理解するうえで簡潔なデータとして、よく整理されている。

私がこれから書こうとしている内容は、この本を手掛かりにして進めたい。

週刊誌のアンカー原稿を注文したのが最初

「文春を辞めたタチバナタカシって男が、ヤングレディでアンカーやっているけど、結構

立花隆氏と堀。長崎文献社にいつもひょっこり現れた

優秀らしい。週刊現代でも書きたいらしいけど会いに行かないか」

という同僚に声かけられて、自宅まで会いに行ったのが、私と立花隆との最初の出会いだった。東大駒場近くの駅でおりて、彼の自宅までむかった。コンクリート造りの公団住宅風のアパートの一階だった。ドアをあけると、玄関の両壁面に本が天井まで積み上げられていて、いまにも雪崩をおこして落ちそうなのが印象に残っている。

そのときの私は、講談社で「週刊現代」の編集部で仕事を始めたばかりだった。入社して二年間は「ぼくら」という少年雑誌にいて、『タイガーマスク』など漫画の連載を担当したあと、希望して大人雑誌に異動した。これといった書き手の知り合いもなく、紹介された人材にはすぐに名刺をくばりに歩いた。出会った立花隆はまだ無名の物書きの一人だった。

実は、立花隆というペンネームを使って仕事する以前に、匿名原稿を書いていた期間が相当あって、匿名で書いたものを全部合わせると、単行本にして何冊分にもなるんです。この部分を語っておかないと、本当の「自伝」にはなりません。(中略)

この時期にやっていた匿名の金稼ぎ仕事が『ヤングレディ』のアンカーマンの仕事です。大学時代の同級生がたまたま『ヤングレディ』の編集部にいて、僕が文春を辞めたという話をどこかから聞きこんで、ライターをやらないかといってきたんです。『週刊文春』のライターのような仕事だったら、とてもきつくてできないので、最初は断りました。

ところが、いろいろ話を聞いてみると、同じ「ライター」とはいっても、文春と講談社ではまったく意味内容がちがうことがわかった。(中略)

講談社の場合、雑誌作りのプロセスが細かく分業化されていて、取材記者、編集者、最終筆者、割り付け構成者の仕事が完全に分離されています。ライターというのは、書くことだけに徹する最終執筆者で、アンカーマンともいいます。……

読者を泣かせたり、怒らせたり、笑わせたり、感情移入のテクニックが必要になります。アンカーはそういうテクニックを自由に使いこなす職業的な「文章のまとめ屋」です。（『知の旅は終わらない』＝以下『知の旅』と省略＝文春新書　p133〜135）

その無名時代の立花隆に、私が「週刊現代」のアンカー原稿を依頼したのは、原子力船「むつ」に関する記事の執筆だった。放射能モレを起こして全国の港から寄港を拒否されて漂流状態だったときの混乱ぶりを記事にした。「むつ」に関してはその後、長崎県知事久保勘一が「長崎県が修理寄港を引き受けよう。その条件は長崎まで新幹線を通すこと」と、時の政府とかけあって「むつ念書」を交わした。

原稿を書き上げた立花隆は、デスクがチェックするあいだ、取材記者らが情報交換しあう大部屋で待機していた。政治担当の記者溜りでは、「田中角栄相関図」というA３版大の方眼紙が広げられていた。数人の記者、編集者が「これはすごいな」といいながら、ワイワイやっていた。横合いから、覗いていた立花隆が「これ、コピーほしいけど、いい？」と馴染みの記者にかけあって、「いいよ」といってコピーをもらい受けていた。

これが、「田中角栄研究」のヒントになったと、のちに私はかれから聞いた。無名時代に終わりを告げる、不動の評価をえたノンフィクション作家立花隆の誕生だった。

新宿ゴールデン街でバーを経営

僕はそのころジャーナリズムの仕事もぼちぼちしていましたが、メインの生業としては、新宿ゴールデン街で「ガルガンチュア立花」というバーを共同経営していました。そのバーの入り口を入ったところに木造レリーフで掲げてあったのは、フランソワ・ラブレー（一四九四～一五五三年、フランス・ルネサンスを代表する人文学者・作家）の『ガルガンチュア物語』にでてくる「テレームの僧院」にあった唯一の規則、〝fay ce que vouldras（汝の欲するところをなせ）〟でした。……

そこの客の一人が講談社の編集者で『週刊現代』や『日刊ゲンダイ』の編集長をやることになる川鍋孝文氏でした。彼はこのレリーフを見るなり、「なんだこれは。ラブレーじゃないか」といったんですね。これを言い当てたのは客の中では彼一人でしたからビックリしました。……その川鍋氏が、イスラエル政府から招待ジャーナリストに選ばれた。ところが、この人が、出発直前になって『週刊現代』の編集長に就任したために行けなくなり、彼から「お前、代わりに行かないか」と僕に声がかかったのです。（『知の旅』p158～160）

一九七二年に立花隆はイスラエル政府に招待されて、約一カ月の中東の旅をすることに

「ネコビル」の仕事場は壁面すべて本棚となっている

なるのだが、このきっかけを明かしている。その旅を「代わりにいかないか」と持ちかけた川鍋孝文は、私の週刊現代時代の編集長だった。「カミソリ」の異名をとるほどの切れ者で、私は、子供雑誌から移って大人雑誌の編集初心者時代に薫陶をうけた。「ガルガンチュア立花」にも、よく彼と通ったが、このエピソードは初めて知った。これも無名時代の立花隆の「二つの大旅行」のきっかけになったわけである。

新宿、四谷あたりには、編集者、新聞記者、物書きがあつまる飲み屋が多かった。「ガルガンチュア立花」があったゴールデン街もそんな一角で、花園神社の裏手にあたる。作家の佐木隆三も「花の木」というバーを開いていた。日大全共闘の秋田明大、東大安田講堂事件のリーダーといわれた山本義隆などが常連客としてくる店もあった。そことはすこし離れた新宿二丁目は、新宿御苑に接した飲み屋街でゲイバーが多い中に、「パン」という元体操選手だったママの店があり、文春の編集者が深夜に大勢でカウンターを埋めていた。田中健五はそのリーダーで、まだカラオケのない時代に、アカペラで軍歌をうたっていた。彼は「諸君！」という月刊誌の創刊編集長で、のちに文藝春秋の社長まで務めた。

田中さんが『諸君！』の初代編集長になったころ、僕はしょっちゅう編集部に出入りしていました。編集部は手が足りなかったので、聞き書きのまとめとか、リライトとか、いろんな頼まれ仕事をしていたわけです。そしてときどき署名原稿を依頼されて、「これが世界最大のシンクタンクだ」、「宇宙船地球号の構造」、「石油のすべて」、『少年マガジン』は現代最高の総合雑誌か」とか数多くの記事を書きました。（中略）

当時の「諸君！」というのは、非常に知的に刺激的な雑誌でした。分子生物学や宇宙、環境汚染など、いろんな現代文明論的なテーマで、最先端の学者を次々に取材して、そのルポルタージュを書くということを好き勝手にやらせてくれたんですね。

なぜ、講談社などの仕事よりもこっちの仕事を優先したかというと、これが署名原稿だったからです。（『知の旅』p138～140）

ということで、無署名原稿のライター「タチバナタカシ」は、署名原稿のほうに重点を置き始め、週刊現代のアンカー原稿は頼めなくなってしまった。ただ、出先で会うとフランクなままのやりとりは、私との間ではずっとつづいていた。

「田中角栄研究」からロッキード裁判まで「十年のムダ」

立花隆の「田中角栄研究」は、一九七四年十月九日発売の「文藝春秋」に掲載された。

その二カ月後十二月九日は、田中角栄は総理大臣を辞任することになった。一本の雑誌記事で首相のクビをとばすという、権力を怖れないジャーナリズムの真骨頂を見た思いだった。「諸君!」から「文藝春秋」の編集長になったのが田中健五で、同じ号で「淋しき越山会の女王」という児玉隆也の原稿も載せて、田中角栄の愛人の問題をあばき、時の権力者を引きずり下ろす決め球を放ったかっこうだった。

いまの若い人は田中角栄の「金権体質」といってもわからないだろう。新潟出身の角栄は実業界から政治の世界に飛び込み、またたくうちに自民党の幹事長に上り詰めるが、とかく裏金のうわさが絶えず、国会で追及されるがうまくかわして、総理大臣にまで就く。この背景には多くの幽霊会社を経由して裏金を操り、金で権力を握ってきた。その実態を、克明に調べ上げて、角栄側が反論できないくらいの取材で裏付けをとり、不正の実態をあばいたのが、「田中角栄研究」の内容だった。新聞も放送も告発できない暗部をあぶりだした。記事が出て二カ月で総理大臣が辞任するほど、立花隆の調査報道記事は威力があった。

当時、週刊誌の現場にいたものの間では、角栄の金権体質を物語る逸話は、毎晩のように飲み屋の話題で面白かった。たとえば、「バンキシャ」という田中担当の新聞記者は、取材のために目白の田中邸にいくと、玄関に個人別の靴入れがあって、帰りにはそこにオールドパーのウイスキーの箱がお土産として全員分にはいっている。記者たちは何の遠慮もなく持ち帰る。開けてみると札束まで詰め込まれているといった具合だった。

それにしても、立花隆の権力を怖れない性格はどこから生まれたのか。

僕は昔から権力をかさにきて威張りくさる尊大な人間と、権力の前にひれ伏す卑屈な人間が大嫌いでした。

僕の母は熱心なクリスチャンでしたから、いつも「肉体は殺すことはできても、魂を殺すことができない者を怖れるな」と子供に教えていた。ローマの権力を怖れる弟子たちにイエスがいった言葉です。世俗権力を怖れるな、神のみを恐れよということです。僕はクリスチャンにはなりませんでしたが、母の教えたこの言葉はずっと心に

焼き付いていました。だから僕は、世俗権力というものを怖れたことは一度もありません。（『知の旅』p197）

私は「週刊現代」に十三年間在籍したあと、「PENTHOUCE」、「現代」を経て、科学雑誌「Ｑｕａｒｋ（クオーク）」編集長を六年務めた。

「PENTHOUSE」という雑誌は、有名女優のヌードを売り物にした過激な雑誌だったが、創刊第三号に、ロッキード事件の被告榎本敏夫の妻で「ハチの一刺し」として有名になった榎本三恵子のヌード写真が表紙を飾った。立花隆は最初の「田中角栄研究」から十年以上も、田中金脈がからむロッキード事件でも、法廷に傍聴に通い、報告記事を書き続けていた。法廷で榎本三恵子の証言も聞いていた。ヌードが掲載された号が発売された直後には電話で、「よくやったね」と感想を送ってくれた。

「クオーク」のときには、「種子島でＨ２ロケットの打ち上げあるんだけど、いっしょに見にいかない？」と電話で誘いを受けた。しかし、スケジュールの都合がつかず、同行できなかった。

田中角栄の金権体質は、ロッキード社から航空機を不正輸入することが発覚する「ロッキード事件」にも関わり、立花隆の筆先は、真相を明らかにするのに、裁判過程を報告する記事におよび、都合十年間も時間をかけて、不正追及の記事を書きつづけた。

宇宙から臨死体験、サル学までの広がり

署名原稿の筆者として「立花隆」の名は出版界だけでなく、テレビ、新聞のメディアでは燦然と輝いて見られるようになっていた。「田中角栄研究」でノンフィクション作家という高い評価をうけたかに見られがちだが、本人は「無駄な時間だった」と、金脈疑惑から始まりロッキード事件、その裁判報道と田中角栄問題にかかわった十年間が、本来の署名原稿で書きたいテーマではないことを、たびたび明かしている。私も、署名原稿を依頼する立場でなくなり、立花隆の仕事を編集者として客観的に眺めていた。

自伝『知の旅は終わらない』の年譜で、作品のテーマがいかに広がりを見せたかを拾っていくと、立花隆の「やりたい仕事」のジャンルが見えて驚きを覚えてしまう。一九七四年の「田中角栄研究」を書いたのが三十四歳のときで、ロッキード事件を総括して「ロッキード裁判を斬る」の連載を書き始めたのが一九八四年の四十四歳のときだから、この間「無駄な時間」の十年間がいかに長かったかがわかる。

田中角栄にかかわる仕事と並行して取り組んだテーマを見ると、「中核・革マル」、「日本共産党の研究」、「アメリカ性革命報告」、「農協」と展開して、「宇宙からの帰還」にたどり

つく。その間もロッキード裁判にからむ田中角栄問題で論争を挑んでいる。そして「脳死」をテーマにした「生命科学」に入りこみ、「臨死体験」、「生、死、神秘体験」「サル学」へと政治からはなれていく。しかし、『天皇と東大』の基本テーマである「戦争と平和」の問題は、若い世代に対する問題提起として、被爆地長崎生まれの晩年のテーマとなっていく。

作家として評価を物語る「受賞」歴を見るのは、権威や名誉を嫌う彼にはふさわしくないかもしれないが、年譜で見ると、立花隆の作家歴が浮き彫りになる。

一九七九年三十九歳のとき「講談社ノンフィクション賞」を『日本共産党の研究（上下）』で受賞。一九八三年四十一歳のとき、「菊池寛賞」を受賞。理由は「徹底した取材と卓抜な分析力により、幅広いニュージャーナリズムを確立した文筆活動」。一九九一年五十一歳では、『精神と物質』により新潮学芸賞を受賞している。一九九八年五十八歳のときに、第一回司馬遼太郎賞を受けている。

このような博物学的な広いジャンルのテーマを掘り下げる本がヒットして、立花隆は「知の巨人」という定冠詞で呼ばれるようになったのである。

長崎生まれを意識したふるさと回帰

二〇〇三年（平成十五年）、講談社を定年退職した私は、長崎文献社で仕事することになり、生まれ故郷にもどってきた。立花隆が長崎にきたのが二〇一〇年。その帰りに本屋で私が編集した本を買ってかえったらしく、週刊文春の「私の読書日記」に「長崎にて」と題して取り上げてくれた。『死の同心円』（秋月辰一郎著）と『牧師の涙』（川上郁子著）で、数々の長崎と原爆にかんする本を紹介するなかで、大きな行数をさいている。

長崎から帰る日、書店の店頭で長崎文献社の新刊本、川上郁子『牧師の涙』（600円＋税）を見つけ帰途読み始めたら、これもすごい本だった。帯に「作家川上宗薫の母と妹二人は、原爆の直撃をうけ、焼け跡から白骨化した姿で発見された。牧師で音楽教師だった発見者の父は、衝撃のあまり牧師を辞めた」とある。川上宗薫は少し年配の人なら皆知っている昭和末期随一の〝官能作家〟。作者は宗薫の義妹。いまも八〇代で長崎に住む教育者。ここに書かれていることは全て百％の実話だ。川上一家は爆心直下の松山町の住人。松山町はこの地から一瞬にして消え去り、廃墟となった。いまその辺一帯が爆心地公園として保存されている。宗薫は出征中で家にいなかった。父は学校に行っていた。夕方帰ると自宅周辺はただの焼け野原。翌日自宅のあったとおぼしきところを丁寧に探すと、白骨化した母が右手と左手にそれぞれ白骨化した娘二人をかかえた形の三体の骨を見つけた。それだけだった。

長崎文献社のイベントに出演することを快諾してくれた

爆心地公園はただのダダっ広い空間である。そこが爆心だったことを示すモニュメントと説明パネルがあるだけで歴史のリアリティは何もみえない。この本を読んではじめて、当時の爆心地のリアリティが見えてきた。そして、あの官能作家の背景にこんな個人史があったのかとビックリした。そういえば川上宗薫のエロスあふれる文章の背後になにか巨大な虚無を感じさせるものがあった。（「週刊文春」二〇一〇年九月二日号）

『立花隆と「戦争と人間」を考える』イベント

立花隆の長崎へのこだわりは、七十歳をこえてから強くなったように見える。

二〇一〇年に講演会で招かれて、長崎を訪れたとき、大学のゼミの教え子をともなって、長崎市職員の案内で軍艦島や原爆資料館を訪ねている。学生たちに被災地を歩かせて原爆や平和の問題を考える課題を与えたのだろう。

このとき「長崎には講談社にいた堀さんがいるはず」ということで、長崎文献社に連絡が入り、久しぶりの再会となった。「やあ、やあ」と笑いあって握手。昔とちっとも変わらないとお互いに旧交を温めた。ところが、このときすでに「膀胱がん」がわかり、講演の題も「がんと生きる」だったとのこと、「歳だからしかたないかね……」といたわりあった。

このあと、七回ほど長崎に来ているが、ほとんど毎回、私の会社に寄ってくれた。「荷物おかしといて」といって、町をあるいたあと引き取りに戻ってくるのを常とした。

二〇一三年には、私が編集を担当した『赤とんぼ』という本の出版を記念して、トークイベントを開くことになり、立花隆事務所を通じて出演依頼をしたところ、快諾だった。

本の著者はレイコ・クルックという諫早出身でパリ在住のメイクアップ・アーティストで、諫早の小野地区で幼児期に飛行訓練をする青年たちを見て育ったときの記憶を小説風にまとめて『赤とんぼ』というタイトルで出版した。この飛行訓練に使われた小型飛行機の翼が赤く塗られていた。偶然のことながら、飛行訓練に参加していた青年だった大田大穣が、長崎の永平寺系仏教寺院の晧臺寺の住職だとわかり、トークイベントに参加してもらった。

「戦争と人間」を語る立花隆（左）と大田大穣

パリ在住の女性レイコ・クルックの著書『赤とんぼ』がイベントのテーマだった

八月四日に長崎市立図書館で開いたイベントは、『立花隆と「戦争と人間」を考える』という文化フォーラム形式で開催したところ、ほぼ満員となり、夜に開いた懇親会にも立花隆ファンらしき市民が参加してくれた。フランクに打ち解けて語り合う立花隆の姿に、みな満足してくれたようだった。このときのサービス精神には感謝しかなかった。

この後も、長崎生まれの立花隆は、原爆と平和の問題に絞った講演を繰り返している。

ネコビルは遺産ビル？

手元に『立花隆の書棚』という六百ページを超える分厚い本がある。

立花隆の本棚を全部写真で紹介する本で、文京区小石川に建つ「ネコビル」と称する持ちビル全体（地上三階、地下一階）の本棚が紹介されている。宇宙から医学、臨死体験、春画に至る幅の広さには圧倒される。

「ネコビル」の構造はとても変わっている。地上三階、地下一階というのが基本構造ではあるが、屋上階に書棚が並んでいるから、実質四階といってもいい。地下一階の下には、地下二階にあたる排水装置のある床下収納庫も倉庫になっている。書棚の紹介をしていると、ページ数が足りなくなるので、平面図的にそって構造を説明しておこう。

壁面は全面書棚という構造が基本であるが、まず、一階は入り口から接客用のデスクがあり、二階にはコピー機と流しのシンク、そして大きな作業用デスクがある。三階はベッドとトイレがあり、仕事が立て込んだりするとここで寝泊まりできるようになっている。北側が坂道の下り方向で、三角形の角がネコの顔が描かれた壁面となっている。

このビルの完成直後、私は訪ねたことがある。書斎に迎えた立花隆は得意げにインターネット接続したばかりの画像を見せてくれた。それがなんとアメリカ発信のポルノ映像で、「これがインターネットだ」といわれて思わずのけぞってしまったことを思い出す。

ネコビル

「ネコビル」はいまや文京区のランドマークとなっている。小石川の六角坂という坂道の狭い土地に三角形のビルで、遠くから見たひとはショートケーキみたいだという人もいる。一九九二年に新築するときに舞台美術家の妹尾河童の発案で、足場が外される前にビル全体を黒く塗り、画家の島倉二千六が外壁全体に黒ネコの顔をアップでリアルに描いた。遠くからもよく見えるので、文京区の目印になっているというわけである。

「墓はいらない」死後についての遺言

『知の旅は終わらない』の最後には、『死』について書かれている。

死んだあとについては、葬式も墓もまったく関心ありません。どちらも無いならないで構いません。

昔、伊藤栄樹《しげき》という、現役検事時代にダグラス・グラマン事件などよく知られた事件の数々を手がけた有名な検事総長が『人は死ねばゴミになる』という本を書きましたが、その通りだと思います。もっともいいのは「コンポスト葬」です。遺体をほかの材料と混ぜ、発酵させるなどしてコンポスト（堆肥）にして畑に撒くのです。そうすれば、微生物に分解されるかして、自然の物質循環の大きな環の中に入っていきます。

海に遺灰を撒く散骨もありますが、僕は泳げないから海より陸のほうがいい。コンポスト葬も法的に難点があるので、妥協点としては樹木葬（墓をつくらず遺骨を埋葬し樹木を墓標とする自然葬）あたりがいいかなと思っています。生命の大いなる環の中に入っていく感じがいいじゃないですか。（『知の旅』p404）

ということで、立花隆の自然葬は家族だけでおこなわれたという。

立花隆の家族史
ルーツを長崎に求める理由

立花隆の家族史

母の遺稿集と父の「長崎日記」

（文中敬称略）

長命な両親の生き方が「知の巨人」を生んだ

立花隆の両親は、ともに九十五歳まで生きて天寿を全うしている。晩年は東京都文京区小石川に住み、子供や孫たちに囲まれての日常だった。一枚の写真に三人の子供と微笑みをたたえた姿が写っている。キリスト教無教会派の熱心な信徒だった二人は、毎朝、内村鑑三の「一日一生」を朗読することが一日のはじまりだった。余生を静かに過ごす幸せな日常だったことがうかがえる。

立花隆は母橘龍子の死にあたって、文藝春秋に「ひそかに書きためた記録」と題して、母が書き残した「引き揚げ体験記」の解説を寄稿している。

両親晩年の一家。後列左が立花隆

《母が死んで一年あまりがたつ。亡くなってから遺品を整理していたら、ここに収録されている「引き揚げ体験記」が出てきた。だいぶ前から、生きているうちに、記憶を整理して回想録を書いてほしいと頼んであった。かれこれ十五年ほど前から一緒に暮らすようになった。その頃、インターネットが世に広まりはじめた頃だったので、一家のホームページを作ることになり、その一画におばあちゃんのページを作って、回想録を書いてもらった。おばあちゃんにコンピュータを仕込んだわけではない。原稿用紙に書いたものを孫たちが手分けして打ち込んだのだ。読んだ人々からの評判は上々で、見も知らぬ人、あるいは旧知の人からの反響がいろいろあることに、本人もびっくりしていた。しかし、話がなかなか進まず、何度も何度も筆が止まった。（中略）そういうとき、「我々子供（私と兄と妹）は、ものごころつく前のことは、ほとんど何も知らないんだから、ぜひとも色々書き残してくださいよ」と、みんなでせがんだ。……そのうち、半分あきらめて催促らしい催促もしないで、ずっときていたのだが、実はひそかに書きためていたらしく、死後これだけのものが発見されたのである。これだけのものが書きためられていたことをもっと早く知っていれば、もう少し、はげましたり、おだてたりして、書き進めさせられただろうにと、残念でならない》（文藝春秋　二〇一二年九月号、298ページ）

母橘龍子の死後、彼女の書き残した記録は「引き揚げ体験記」はじめ、遺稿集に編集されて残されている。巻末には「不肖の息子として」と題して、立花隆が母について書きついできたエッセイが数編収められている。最後に掲載された臨終の描写は生々しい。

《私は母の最期には立ち会っていない。終わりの頃など、毎日のように危機が訪れるので、そのうち危機ズレしてしまったのかもしれないし、酸素マスクをしたりするようになって、言語コミュニケーションをとることが難しくなったということもあって、事務所に戻って他の仕事をしているうちに、「息をしていないみたいです。先程息を引き取りました。」と病院から連絡を受けた。（二〇一五年）5月4日16時過ぎ。それは、そのころ病院に詰めていた他の近親者たちも、たまたま病床から離れているときで、直接看取りに立ち会えたのは、医者と看護師だけだった。

全く苦しむ事もなく、安らかな死だったと聞いて安心した。家族一同、最期の願いは、何も苦しむことなくこの世を旅立つことだったが、その通りになった。その三時間前、おばあちゃんお気に入りの曾孫のちひろくんがお見舞いに来て、それまでもうほとんどコミュニケーションを失って、言葉を出す事も表情を作ってにこやかにアイコンタクトすることなども、ほとんど出来なくなっていたというのに、このときばかりは、にっこりとかすかに良く分からない音声もだしていたという。

そういう人間的な交情をお気に入りのちひろくんとの間に交わした事を、最後の人間的な思い出として残すことができたのは、ほんとに良かったと思う。

その日の夜、家族と教会関係者だけがまくら元に集まって、牧師の司式のもとで小さな式を持った。歌われた賛美歌も読まれた聖書の一節も、すべて、母がそういう事態にそなえて選んであった賛美歌であり、聖句だった。最期まですべて準備をととのえておく人だった。その前に着替えた最後の上着も下着も全部自分が決めて病室にそろえてあったものだった。母が選んでおいた賛美歌も聖書の一部も、すべて、人は死んでも死なない（神のもとに帰る）ことを強調するものだった。それを聞きながら、ああ、この人は本気でそれを信じていたのだと思った。子供たちは、三人が三人とも子供のとき、教会には日曜日になると行かされるままに行ったことは行ったが、長じて大人になってからはクリスチャンにならないで終わった。母はそれを終生自分の罪としていたようだが、これぱかりは妥協するわけにもいかず、不肖の息子のままで終わらせてもらった》（遺稿集より）

新婚の二人。長崎の鳴滝あたりか？

結婚して長崎へ。母は活水で受洗

遺稿集には家族の年譜が掲載されていて、結婚の経緯も記されている。

昭和七年（一九三二年）に水戸高等女学校を卒業した彼女（佐藤龍子）は、小学校の臨時教員を短い間勤め、女学校の恩師である橘しんの弟橘経雄と結婚することを決める。昭和十年（一九三五年）に長崎のミッションスクール活水女学校に赴任する橘経雄に伴われて、長崎に移住する。

夫の橘経雄は早稲田大学の学生時代に軽井沢の教会で洗礼を受けていた。その影響で、龍子は羽仁もと子が創刊した「婦人之友」の読者となり、活水学院のチャペルで受洗している。昭和十三年（一九三八年）に長男弘道が生まれ、その二年後の昭和十五年（一九四〇年）に次男隆志（立花隆）が誕生している。

そのころの住処は「長崎市鳴滝町九十八番地」となっている。当時は長崎に赴任してくる役人や教師たちに用意されていた官舎や借家が鳴滝町に多かった。長崎に一家の足跡を求めて取材に来た立花隆は、鳴滝町の住処あとにも足を運んでいる。（別項コラム参照）

昭和十七年（一九四二年）には、夫の橘経雄が北京師範学校教師として羽仁もと子の北京生活学校にかかわりを持つことになり、活水学院を辞めて一家で北京に移住する。北京で終戦を迎え、抑留生活のすえに引揚げたのであった。

長崎に原爆が落ちたときには、一家は北京に住んでいて被爆を免れた。

立花隆は長崎で話をするたびに、「私は長崎医科大学の産婦人科病棟で生まれた」と、自己紹介していた。生まれた地にアイデンティティをもち、「長崎人」ということを誇りにしていたのだろう。

活水学院で教師を務めた橘経雄の長崎での足跡

父橘経雄は早稲田大学を卒業するときに、長崎の活水学院の教師に応募して採用が決まった。「女学校に行くには結婚してからいったほうがいい」という周囲の忠告を聞き入れ、教師をしていた姉の教え子佐藤龍子と結婚して長崎に赴任し、新婚生活をスタートさせ、鳴滝の住宅から活水女学校に通うようになる。

その当時の様子を、教え子の秋月（旧姓村井）寿賀子が朝日新聞の取材にこう語っている。

立花さんの父、橘経雄さんは、寿賀子さんが活水女学校中等科4年の時、国語教師として赴任してきた。先生になったばかりで緊張し、声が出ない経雄さんに、学級全員で詰め寄り、「聞こえません」とはやし立てた。経男さんは真っ赤になってうつむいた。「私たちもあの時は、おうどかったと（悪かったの）」。寿賀子さんは笑った。（朝日新聞長崎版　ナガサキノート　秋月寿賀子③＝連載は二十回つづいた）

寿賀子は、後に聖フランシスコ病院の医師秋月辰一郎の妻となった。辰一郎は、原爆被爆者でありながら献身的な救護医療を施して、「長崎の証言の会」の中心的な活動をおこない、体験記『死の同心円』（長崎文献社　二〇一〇年）を書いた。教え子寿賀子と新人教師橘経雄の交流は、その後家族どうしの文通を通して生涯つづき、多数の書簡のやりとり記録があるが、これはコラム①でご紹介しよう。

橘経雄の足跡を、活水学院の資料やアルバムで調べてみた。

活水学院に保管されているアルバムの集合写真に赴任直後の橘経雄が写っている（左上）

まず、『活水学院百年史』（昭和五十五年＝一九八〇＝発行）という年史の職員在籍期間のページで「橘経雄」のところを見ると、昭和九年（一九三四年）九月から昭和十六年（一九四一）四月まで、六年七カ月在職したことが記されている。

資料室にはアルバムも大切に保管されていて、全職員の集合写真に「橘経雄」とあり、若くて凛々しい顔が確認できる。もう一枚、先生たちの学園外でのリラックスした釣りをするシーンにも「橘経雄」のネクタイ姿で釣りをしている写真があった。

新任国語教師として、「赤面しながら」教壇に立つ橘経雄は、「長崎日記」という日記を書き残しており、長崎の風土に慣れていく様子が読み取れる。遠足、運動会、合宿などでたびたび書かれている地名は、唐八景、合戦場、東望浜などで、ここに大勢の女子生徒を引率していったようである。日記には風景のすばらしさも書かれていて、長崎湾の光る海を「四囲絶景なり」と讃えている。

ネクタイ姿で釣りに興じる橘経雄(中央)

コルベ神父を聖母の騎士学院に訪ねる

長崎でのキリスト教無教会派の熱心な信徒としての橘夫婦の日常がはじまったのと同じころ、コルベ神父が長崎市本河内で聖母の騎士学院を開設する。活水学院に通う道筋で修道士が配布していた「聖母の騎士」という冊子を購入している。「長崎日記」には、長崎に赴任してすぐにコルベ神父のもとを訪ねたことが書き残されている。

1935・5・10
無原罪の園訪問
よい顔　ポーランド人　神父

女はいない　修道院だから
……
応接室　テーブル　二つ　作った　ウルシ塗り
雑誌
礼拝堂　ゴザしいていて10畳ぐらい
廊下を下る　一軒　寝るところ
下　印刷所26人　６人日本人
（二人だけ本をサイダンしていた）
アルコールランプ　活字をつくる（水源池が見える）
キカイ　ドイツ製　一台（製本）
印刷機二台
15、６人働いている　一切やる　ルビつきの原稿

私達死ぬ　あとつぎ日本人
伊エチオピア戦争　信徒も戦争に行く
（戦争のことはなしたくない。聖上の写真が入っている。

印刷機の上にはマリアの絵）
よいことした人　もう一つの世界ある。これだけではないでしょう。
まことの神　わからない所があったら
ポーランドの写真
信者の金でやっている
はだしで案内　親切
生活を比較してみてくれ　凡てをささげる修道院

日記にはこのあと、メモ的に言葉の羅列。

26聖人　転向と非転向
女　貴方は卑怯だ　男　煙の中へ　役人反感
民衆は助けず　女に打たれる。
ハラキリ　一件　一週間　ハラキリの真似
罰ははりつけでたくさんだ。一時計

題　踏絵の話

龍舌蘭

この日、コルベ神父に直接話をしたかどうかは明確には書かれていない。しかし、アウシュヴィッツにガス室送りになるユダヤ人の身代わりで行く神父の存在が、この日記から浮かんでくる。立花隆は父の日記にあるコルベ神父の生き方に魅かれたように、長崎では聖母の騎士学院やコルベ記念館を訪ねている。アウシュヴィッツへも学生を引率して訪問している。

戦争の気配が近づく長崎での生活

六年七カ月、活水の教師として教壇にたつ経雄の日記は、日常の観察を交えて教師たちの様子、家族の様子が詳細に書き込まれている。

〈一九四一年　三月の日記〉

7日　職員会議

……

9日　岩崎氏の（浜崎氏の宅）下宿に、移転の為にお茶に呼ばれる。15円（rent＝家賃）
女らしくきれいに住んでいる。寝室がある。大へん気持のいい部屋。
女主人（洋妾であったろう、子供は目が青い子）。小説の中に使用できそうな。
いかにも長崎らしい住居。四囲の風景である。
（残り物といかず、残り物でないものはどんなにあるの）
ナフキン——こりゃもったいない。ハンカチ代わりに
バナナ——日記に付けて置こう。なぜか半年振だよ
Coffee ——（アメリカ製）
……
弘道（長男）、夜中より腹痛、便四回　痛い痛いとコロゲ回る
夜明け、どうにもならない。ヒマシ油
松尾さん（大家）を起こそうかと思う
8時までに、入学式の学校に行く用事がある。
抱いてゴンドウ病院へ。
……
11日（金）新入生歓迎遠足　東望浜

川上牧師（実は非常に偉いのに吾々に調子合せているとかと思う）
水難救済所（女難救済所）
はまえんどうの花　自然の花の　美しさ

15日　class day 遠足　合戦場行き
合戦場―桜の名所　ground　しめっている
散歩　寝転ぶにはよいところ　港川と散歩する
一回りして　琉球の黒砂糖買う

18日　卒業式　30分おくれる　…父兄にはおまんじゅうやらず
体育館にて同窓会　広川の独唱（セレナード）泣く
（ノモンハンの恋人　青山神学校に行く曲）
西田の　忘れなぐさの舞踊　のどをならして喜ぶ
英文科生の12番で習ったdance
夜なのでSenchimental《ママ》にならず。

………

〈四月の日記〉

4日　防空演習終了　昨夜は雨　空襲警報云々の広報

……

弘道　隆志　龍子　それぞれ全快する。（病気の記載ない）

隆志、仲々　寝ないのには閉口　早く弘道位になればよいと思う。

15日　隆志、ひとり立ちをはじめる。元気。

弘道、益々、可愛くなる。道男ちゃんのオバチャンにつれられて幼稚園見学に行く。

戦争の兆候が読み取れる日常の緊張感が書かれている。日記にはないが、後に書かれた「引揚申請」に書かれた経雄の記録では、このあと北京に向けて旅立ち、教壇に立つ。

北京での五年間のあと引揚げる

・昭和十六年（一九四一）五月十五日に下関出港、三日後の十八日に北京市到着

・目的：文部省派遣教員（第一回）　・住居：北京市豆腐池胡同12号

・勤務：同年六月　北京市立師範学校教員　生徒は中国人がほとんど

　翌年（一九四二）十月　北京市立高級中学校教員　日本語と日本文化を教える

・終戦・抑留：昭和二十年（一九四五）八月一五日終戦　北京郊外西苑終結

・引揚：昭和二十一年（一九四六）三月二十日　天津港出発　二十二日　仙崎港（山口県）着

橘一家は昭和十六年から二十一年までの五年間、北京で暮らしている。成長した二人の息子と写った北京での緊張感あふれる写真がある。まだ長女は写っていないから移住してまもないころだろう。

父についてほとんど記述がない立花隆の文章が母の追悼冊子に収録されている。

北京での家族写真。まだ妹の直代は生まれていない

《このあとしばらく病室で母から色んな昔話を聞いた。昔話というのは面白いもので、ほつれた糸が繋がるように、色んな話が繋がって次々に出てくる。

うちの一家が、ここに書いたように、北京から引揚げたあとは、茨城県那珂西村の母の実家にしばらく身を寄せ、翌年水戸に転居するのだが、この間、父は上京して、知人を頼って職探しをし始める。そして、首尾よく全国出版協会という出版社の連合団体にもぐり込んで、そこの機関誌の編集の仕事をするようになるのだが、その編集の（それが後に「週刊読書人」になる）あたりのことを根掘り葉掘り聞いて行くうちに、父親は一時ヤミ屋商売に手を出そうとして、近くの町にメリケン粉の出物が来ると聞いて、それを仕入れに行って失敗し、ヤミ屋商売は向かないと悟って職探しをはじめた。などという秘話を引き出したりもした。》

橘経雄は、昭和二十一年（一九四六）から平成五年（一九九三）まで四十七年間、全国出版協会の機関誌編集の仕事を続ける。「読書タイムズ」から始まって「週刊読書人」と名称変更して継続される情報誌を発行しつづけた。

橘経雄の背広姿。「週刊読書人」の発行にたずさわった

昭和五十四年、橘経雄の長崎での初めての教え子たちは卒業して四十年を迎えた。この記念すべき年に懐かしい恩師を迎えたときの記念写真には、すっか

活水50周年の記念の集いに教え子に囲まれる橘経雄（前列右から3人目、後列左から4人目は秋月すが子）

り貫禄のついた女性たちに囲まれて、前列に橘経雄が写っている。この中には、新人教師時代に「聞こえません」と教壇に詰め寄った逸話の持ち主秋月寿賀子（すが子）もクラスメイトと並んでいる。教え子たちとの熱心な文通が始まり、九十五歳で亡くなるまで続いたのである。

晩年は子供たちに囲まれて東京で暮らす橘経雄・龍子夫妻は生涯キリスト教無教会派の信仰をつづけ、ともに九十五歳までの天寿を全うしたのであった。

橘経雄は二〇〇五年九月十二日に、その六年後、龍子は二〇一一年五月四日に逝去した。

コラム①

初公開　秋月辰一郎夫妻と橘経雄夫妻の往復書簡

秋月辰一郎氏は長崎に原爆が投下されたとき、爆心地から千四百メートル離れたところにあった浦上第一病院で医師として患者の治療にあたっていた。現在、聖フランシスコ病院となっているこの病院は、カトリック系神学校の中に結核療養所として始まったのだが、原爆に遭ったときに煉瓦造り四階建ての建物は崩壊せず、死者をひとりも出さなかった。秋月医師はここで、瀕死の被爆者の治療にあたった。このとき村井寿賀子（すが子）看護師が秋月医師の治療を助けた。二人はやがて結婚して、生涯、この病院にささげることになる。

立花隆の父橘経雄氏は、長崎の活水女学校に国語教師として一九三四年から一九四二年まで、約七年つとめたが、赴任して最初に教えた生徒のひとりが秋月すが子さんだった。教師と教え子として、長年にわたりふたりは賀状をかわし、公私にわたる身辺の報告をしあっていることを、往復書簡から読み解くことができる。本書の編集にあたって、遺族から多数の書簡をおかりできた。すべて秋月夫妻から恩師にあてた年賀状や手紙であるが、ここに抜粋してご紹介することにする。

◇昭和六十年（一九八五）の長文の礼状（秋月辰一郎氏から橘経雄氏へ）

《謹啓　春も漸く酣となり御高堂様には愈々御清祥の事と慶賀に存じます。扨而此度私事名誉ある聖シルベストロ教皇勲章拝受に当たりまして、早速心のこもるお祝、励ましの御言葉を頂き有難く感謝いたします。

勲章を頂くとか、受章とかは決して自分独りの行為によるものでなく非常に多くの人々との協力によるもので、自分は只それらの人々の代わりにお受けするというのが実感です。ましてて私は病弱で忍耐心がなく而も中年になってのカトリック入信ですから良き信者、良き医師とは言へません。（中略）

教皇使節大使の御書簡に、ローマ教皇パウロ二世御来崎の時大ミサの救護医療、世界平和、核兵器廃絶への私の貢献を記してあります。被爆四十年に当たる今年、特に私に感謝深いものがあります。これらの原点は私の原爆体験、この地に病院を再建すること、この浦上の地で、被爆で亡くなった人々を録《かきしる》す事でありました。

二十数年前の私の「原爆記」には、この記録を私に書かしめたものは治療をうけないで亡くなった被爆者の、医師私への怨念と序文に書いています。

今私は、この四十年間の私の微力ながら医療、平和活動は、この地で亡くなった被爆者の祈りと書き改めます。それらの人々、聖フランシスコ病院で働く人々、病者、被爆者に代りまして、この重い勲章を頂きます。

これから後も皆様の私への祈りをお願いしますと共に、一歩でもこの道を私も歩きます。

御懇篤な御祝辞、励ましのお言葉、心からお礼申します。

末筆乍ら　時節柄　御自愛切にお願い致します。

敬具

昭和六〇年四月四日

聖フランシスコ病院　秋月辰一郎

橘　経雄様》

この書簡は、便箋ではなく長い巻紙ふうの洋紙に、直筆のペン字で書かれている。改まってこの書式にしたのにはよほどの理由があったようだ。同年三月十一日付けの読売新聞で「今日の顔」欄に顔写真入りで、「ローマ法王庁から聖シルベストロ賞を受ける　秋月辰一郎さん」と紹介されている。まさに時の人となった秋月氏に橘経雄氏が、お祝いの手紙をだしたことに対する礼状なのである。

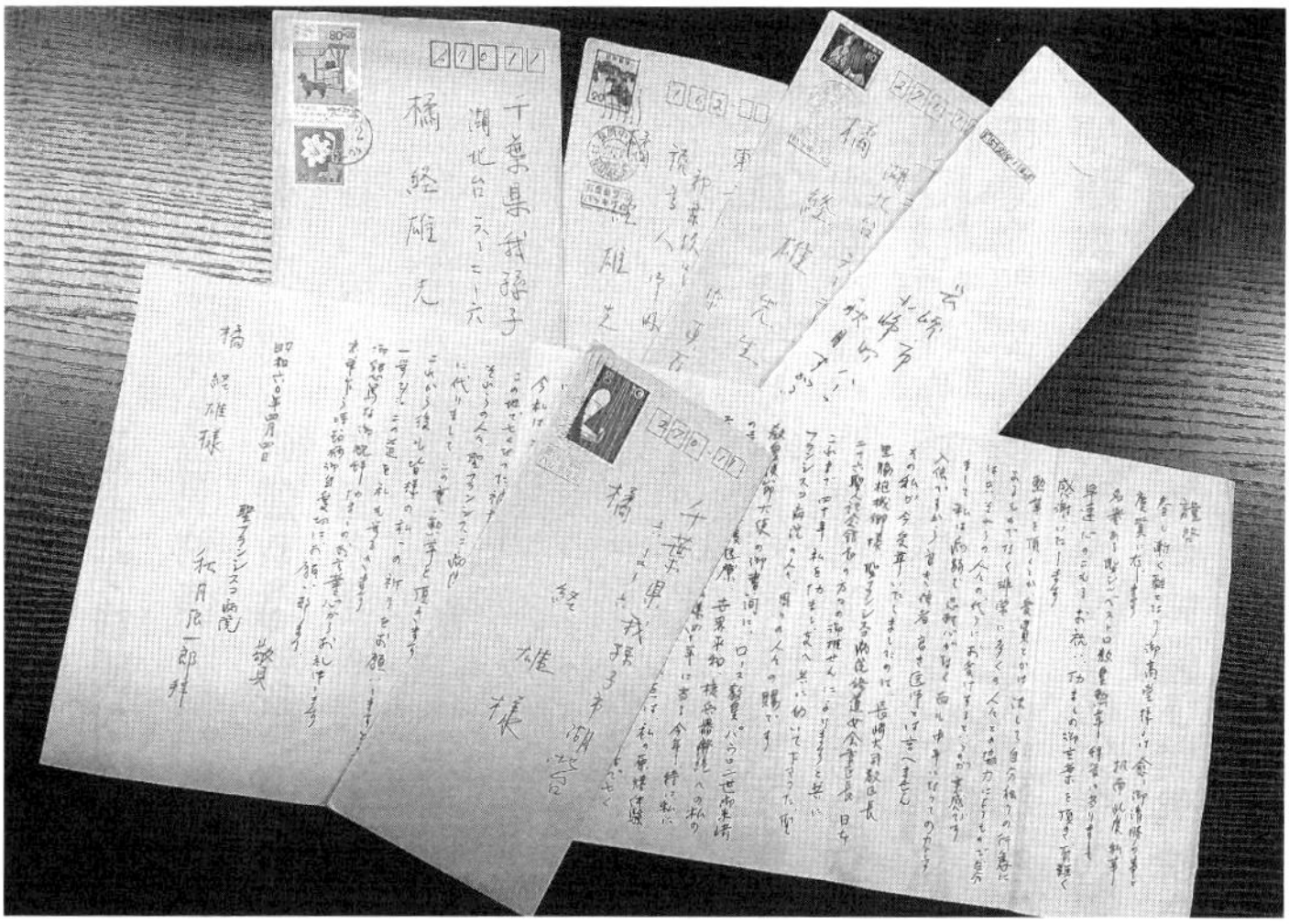

長文の礼状は巻紙状の洋紙に直筆のペン字で書かれている

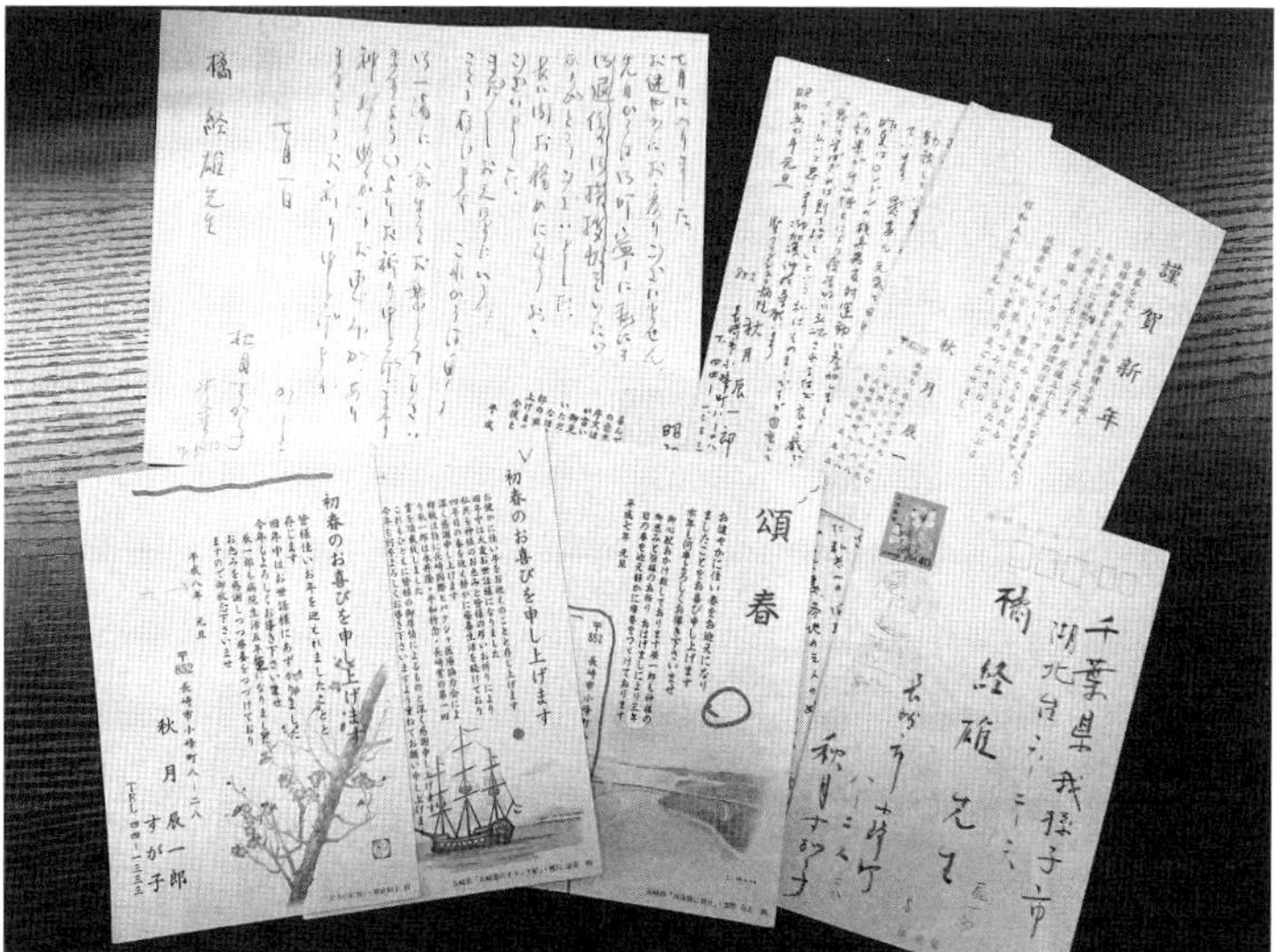

年賀状は年齢と家族、健康の変化が綴られて…

◇年賀状などに見る家族の変化

・昭和五十三年（一九七八）元旦（差出人辰一郎）

《私もすでに還暦をすぎ　原爆三十三年となりました。

原爆のスクラップのみならび　まづしき書架にこころたかぶる

被爆者の証言集をつみかさね　わが書斎の歳ごとせまし》

活水女学校での教え子たちの記念の会は昭和五十四年（一九七九）に長崎で行われて橘経雄氏は招待恩師として招かれ、記念写真におさまっている。往復書簡はこのあとお互いの家族の変化を知らせあうことで、親密の度を深める様子がつたわってくる。

・昭和五十七年（一九八二）元旦（差出人辰一郎）

《愚妻も元気で日曜日には山に登っています。昨夏はロンドンの核兵器反対運動に参加しました。また味噌汁の効果が平山博士により疫学的に立証されるなど、良き歳でした。》

・昭和五十九年（一九八四）元旦（差出人すが子）

《本年は先生の金婚の年とうかがい、心よりお喜び申し上げます。先生をお迎えして、もう五十二年の年月が過ぎましたこと、改めて驚いております。》

この翌年（一九八五）に、ローマ教皇からの勲章が贈られたのは前述のとおりである。

秋月家にとって平成四年（一九九二）に辰一郎氏が喘息の発作で倒れたことは、衝撃的なできごとだったろう。その後、十三年という長きにわたり、聖フランシスコ病院で昏睡状態で、家族は看護の日々を送る。橘家への便りはすが子さんの名前で病状を報告している。

・平成五年（一九九三）寒中見舞い（差出人すが子）

《先日から御丁寧なお便りをありがとうございました。病人は一応落ち着いて眠りつづけております。神様の思召しがどのようなところにありますか、知る由もございませんが、ただおまかせいたしまして日々看護にとめております。人生の終わりの一時を静かにベッドサイドで二人で過ごさせていただくことに感謝しております。》

・平成五年（一九九三）四月四日　本の刊行挨拶（差出人すが子）

《皆様御健祥のことと存じ上げます。さて秋月が昨年秋突然病に斃れまして早五カ月を迎えました。その折には大変皆様に御心配をかけ御世話様になりました。皆様の熱いお祈りと病院のスタッフの方々の手厚い医療と看護により、おかげ様で病人は静かな療養生活を続けております。実は昨年八月より十月まで西日本新聞の聞き書きシリーズに連載されました「医観遍路」は西野様により大変よくまとめていただき本人も喜んでおりました。ぜひ本にしておきたいと申しておりましたので、本人の意思を思い、ここに小さな本をだすことになりました。お見舞いいただきました皆様へささやかな御礼の気持ちとして贈らせていただきます。御高覧いただければ幸せと存じます。》

この挨拶状には「(返) 4／10 (済)」とメモが書かれている。経雄氏の字と思われる。

・平成六年（一九九四）七月の書簡　退任の挨拶状への返信（差出人すが子）

《七月に入りました。お健やかにお変わりございませんでしょうか。先日から御丁寧に私にまで御退任のご挨拶状をいただきありがとうございました。長い間お務めになりお疲れさまでした。これからは奥様と御一緒に余生をお楽しみくださいますよう　お祈り申し上げます。》

・平成七年（一九九五）六月二日付けの書簡（差出人すが子）

《うけたまわりますと、十五年間も皆様を指導されていらっしゃいました湖北の聖書集会をおやめになり、東京へおうつりになりますとか。お名残りおしいことと存じます。手賀沼暮色を拝読いたし、先生のお気持ちをおさっし申し上げております。でもお子様のお近くでお過ごしになりますことは安心と又御家族とのおまじわりで楽しいことでございましょう。(五月) 二十七日土曜日には活水で被爆五十周年の追悼式がございましたので出席させていただきました。……私は相変わりませず、秋月の看取りの日々でございますが、落着いていてくれますので、時々は皆様と御一緒の時を持つことが出来まして幸せと存じます。……神様の豊かなお恵みをお祈り申し上げます。》

この年には、橘夫妻の住所は「千葉県我孫子市」から「東京都文京区小石川」に変更になっており、前年に経雄氏は、務めを辞めたことによって、住処も移したことがわかる。

立花隆はこの年に五十五歳。その三年前に「ネコビル」を建てており、家族はこの周辺に移り住むようになる。

・平成八年（一九九六）元旦（差出人辰一郎・すが子連名）

《私共も神様のお恵みと皆様の厚いお祈りにより四年目の春を迎え静かに療養生活を続けております。昨秋は特に長崎国際ヒバクシャ医療協力会により辰一郎は永井隆・平和祈念・長崎賞の第一回賞を頂戴しました。これもひとえに皆様の御厚情によるものと深く感謝申し上げます。》

卒寿の祝辞と思い出を綴った手紙（差出人すが子）

《このたびは先生卒寿をお迎えになりましたこと心よりお喜び申し上げます。先ほどより先生の御病気の由を風の便りのようにお伺い致し心配申し上げておりましたが、御病気克服され卒寿のお祝いをされましたこと、ほんとうに嬉しゅうございました。……

思い出しますと先生がはじめて活水に御赴任されたのは、私共が一番お茶目でいたずらざかりの女学生三年生でございました。その頃、活水には男性の若い先生はいらっしゃらなかったので、とても珍しくうれしゅうございました。早速お茶目振りを発揮してクラス全体で先生にずい分御迷惑をおかけ致しよろこんでいたことを思い出します。百周年記念の折にも私共のクラス会をのぞいて頂き御一緒にお食事を致しましたこと、ほんのこの前のように思へますのに、私共ももう八十才の坂を超へ、長崎在住の者でも声かけてすぐに集まれるのは十人足りずになっております。……

ご子息様立花隆様、テレビに本等に評論家として御活躍の御様子、拝見しては先生のこと等を話しております。》

書簡は平成十二年（二〇〇〇）二月十六日付けになっており、秋月辰一郎氏が八十九歳で亡くなる平成十七年（二〇〇五）の五年前である。橘経雄氏も同じ二〇〇五年に九十五歳で他界している。

立花隆の秋月すが子氏インタビュー

立花隆の長崎での活動が始まるのは二〇一〇年。長崎県医師会の招きによって講演会での講師として長崎を訪れた。秋月すが子さんとの面談はこの年の二度めの長崎訪問のとき実現した。二〇一〇年七月四日、聖フランシスコ病院で立花ゼミの学生と当時の病院長大曲医師のたちあいで、時間を区切っての面談だった。父親の話はそこそこに、中心テーマは被爆当時の証言だった。このときの報告が「週刊文春」二〇一〇年九月二日号に掲載さ

父の思い出と、『死の同心円』の話も聞く立花隆（右：秋月すが子さん）

学生たちを同行して秋月すが子さん（右端）に被爆の体験を聞く。右奥は聖フランシスコ病院長大曲氏

秋月すが子さんを自宅に訪ね、父の思い出を聞く立花隆

れている。

《お会いしてみると、九十一歳という年齢がウソのように思えるほどお元気でアッという間に医師からOKがでていた二時間という面会時間がすぎてしまった。お会いする前に、長らく絶版状態だった秋月医師の原爆体験記の古典的名著『死の同心円』（長崎文献社2010）の復刻版ができあがったということで、そのサイン本をちょうだいした》

翌年、小峰町の自宅を訪ね、一緒に写真に収まっている。長崎生まれの立花隆は父親の教え子を訪ねて、生まれ故郷のアイデンティティを確認したのであった。

コラム②
両親の鳴滝町住居跡を訪ねた立花隆

立花隆の両親は長崎に赴任してきたときに住んでいた住所は「長崎市鳴滝町98」となっている。現在はそこの地番はどうなっているのか、長崎を訪ねた立花隆は、その現場を取材陣と一緒に歩いている。その手掛かりとなったのは、両親がやり取りしていた手紙の相手が、大家の娘さんだったことである。現在、長崎市三原二丁目に住んでいる岩瀬登代子さん〈95〉がその方で、旧姓松尾さん。じつは、フリーライターとして活躍中の下妻みどりさんの祖母にあたる。下妻さんの母が岩瀬さんの娘さん、というつながりである。

岩瀬登代子さんは、取材スタッフと一緒に自宅を訪ねてきた立花隆と写真に写っている。息子の岩瀬一郎さんもこのとき同席したということで、今回お会いして詳しい話をきかせていただいた。

橘経雄・龍子さん夫妻が長崎の住処としていたのは、岩瀬一郎さんの祖父松尾登茂喜さんが所有していた貸し家だった。松尾登茂喜さんは、明治二十八年（一八九五）島原で生まれた。若いころアメリカにわたり、「ひとはた揚げて帰国した」という。昭和初期に長崎で

両親が住んだ家の持ち主、松尾家の娘さん（岩瀬登代子さん）を訪ねた立花隆

外国語をいかした仕事につき、十八銀行に勤め始めた。鳴滝に住み、アメリカ時代にためたお金で、自宅周辺を数軒買い求めて貸し家としていた。自宅は質素な家だったが、貸している家は大きな日本家屋が多かった。鳴滝を流れる川に面した家が橘夫婦がすんでいた「鳴滝町98」だった。シーボルト旧宅跡から川の上流にのぼったところにある住宅地である。

　大家の松尾家と店子の橘家は近所付き合いが親密で、「橘家で生まれた赤ちゃんを抱っこしたこともある」と登代子さんはかたっている。おそらく、立花隆の赤ん坊時代のことだろう。橘先生が活水を辞めて北京に移り、戦後、引揚げたあとにも消息をたどり、橘家と松尾家（現在は岩瀬家）は近年まで賀状のやりとりがつづいていた。

　松尾登茂喜さんは、終戦のときに長崎にきた進駐軍と会話していて、不動産の所有者にも厳しく当たると聞き、鳴滝の貸し家を売却してしまう。十八銀行を辞めたあとは、医師会の経理を担当していた時期もある。現在は鳴滝には地縁が絶えてしまった。

　戦争前に、この隣地に住んでいた別の松尾家があった。画家の松尾哲雄さん一家で、娘

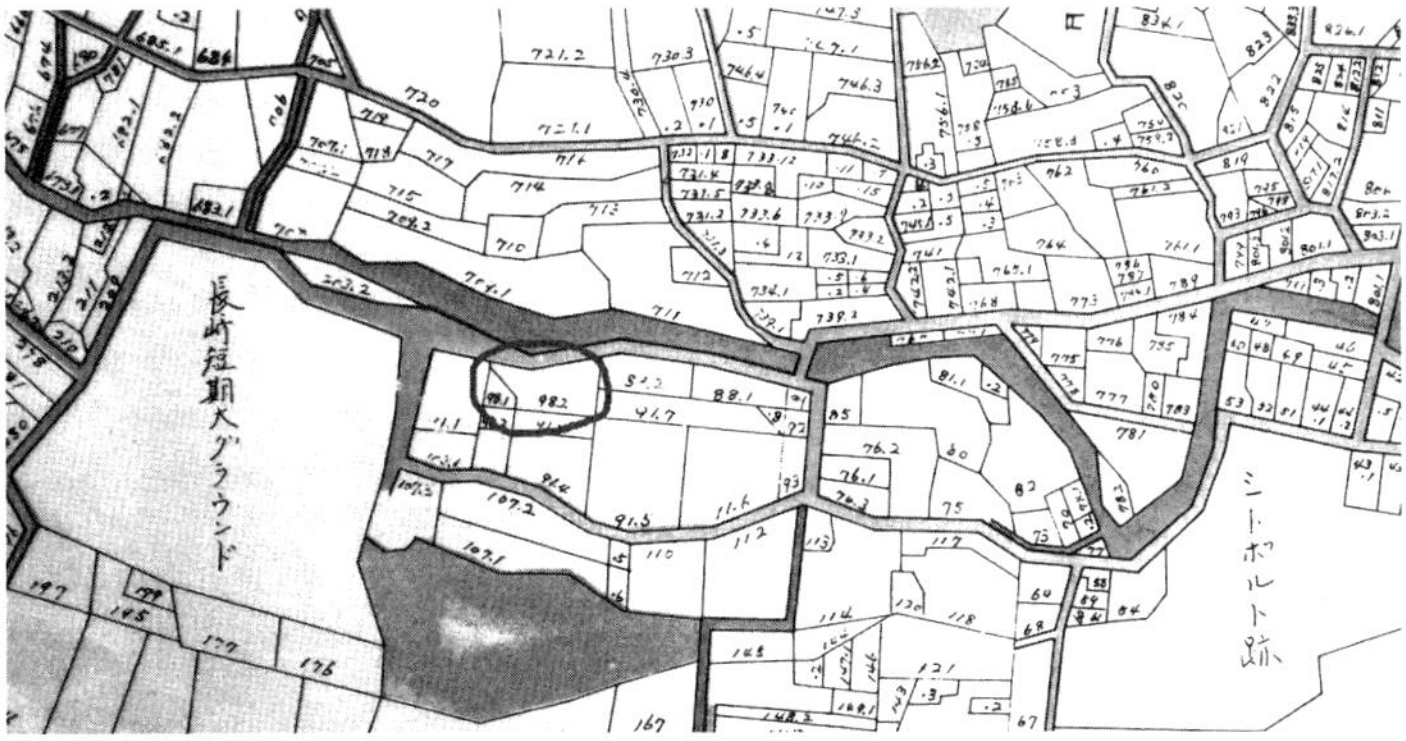

古い地番の入った鳴滝の地図。○印が橘家が住んでいた場所

の宮本フ左さんが、父の子育て日記を『フ左日記』として近年長崎文献社から出版した。この中に、詳しい地図が挿絵として掲載されている。昭和十四年（一九三九）九月二十一日の日記に、「道雄ちゃんの家」とあるところが、松尾登茂喜さんの家で、「平屋で乱雑な植え込みがある。お父さんは銀行員らしい」とかかれている。この情報は下妻みどりさんから教えていただいた。「道雄ちゃん」というのは、「女の子が幾たりもある末っ子」とかかれているが、岩瀬登代子さんの弟にあたる。

　昭和九年の住居表示は現在では変わっている。長崎の古い地図情報に詳しい布袋厚さんに、当時の地図データを提供していただいた。現在の地図では、地番がかわっているが、シーボルト記念館の前の「シーボルト通り」を北へ進み、突き当りを右に折れて、田坂商店のところを、川に沿って南へ向かって右側が、旧「鳴滝町98」にあたる。

あとがき

立花隆が生涯のテーマと考えていたのは「ヒロシマ・ナガサキ・アウシュヴィッツ」だったという。「戦争と平和」の問題を具体的に表現すると、この世界のシンボリックな三都市になると。妹で晩年の二十年間、立花のマネジャーをしていた菊入直代さんはこう書く。

「私には、父と息子が運命の糸に継がれていたように思える。一九三四年から六年あまり父橘経雄は長崎の活水《かっすい》学院に在職し、赴任した翌年一九三五年には、長崎・本河内《ほんごうち》のコルベ神父（アウシュビッツで他人の身代わりとなり餓死刑になった）の修道院を訪れ、修道士さんと会話したことを日記に書き残している。兄はその八十年後に　同じ場所のコルベ記念館を訪れ、コルベ神父が使われた机で記帳し、当時の修道士を知り被爆者でもある当時の館長・小崎登明氏と会話を交わしている。平和の問題で　兄にいちばん最初に影響を与えた原爆特集の『アサヒグラフ』は、当時住んでいた水戸の家の庭の木戸をあけて　女の人がそれを売りに来た。それを買ったのは　父である。父は、原爆でたくさんの教え子をうしなっている。幸いにも生き残られた教え子の中には　秋月壽賀子さん（被爆者の治療に当たった秋月辰一郎氏の妻）もいらっしゃる。そして二〇一一年、兄は立教の学生を連れてその秋月壽賀子さんを訪問し、インタビューをおこなっている」

長崎は立花隆にとって特別な町だった。生まれたのが長崎医科大学附属病院の産婦人科病棟。ここは一九四五年八月九日の原爆で一瞬にして廃墟と化した。

「ここが僕が生まれた場所です」と講演会でパワーポイントに写すのが、被爆地の廃墟だった。彼の心の中には、「人間がこんなことしていいと思いますか?」という問いかけを持ち続けていたということだろう。

人はみな、アイデンティティという自分の原点をもっている。その原点を「誇りに思う」のならば、自慢して「ここがおれのふるさと」といえる。立花にとって、長崎はどうだったのか。この本を編集しながら、ずっと問い続けた。そして、得た答えが前述の妹さんの言葉だった。

本書の企画は、立花隆の原点を問いかけることをテーマにした。「長崎」が、彼にとっての原点だったという証を読者の皆さんに知ってほしかった。「戦争と平和」。それともうひとつ、立花隆にとって生まれ育った長崎市鳴滝に流れる川の音だったに違いない。両親が新婚時代から過ごし、幼児期に走り回った町の原風景が――。

堀憲昭(編集長)

◆立花隆プロフィール

・1940年　長崎医科大学病院で生まれる　父橘経雄は活水女学校国語教師　鳴滝に住む
・1942年　父の北京勤務のため一家で北京移住＞＞1946年　引揚げ　水戸市に住む
・1959年　東京大学文化Ⅱ類合格　1960年イギリスで開かれた国際青年核軍縮会議出席
・1964年　文藝春秋入社　1966年同社退社　1967年東大文学部哲学科に学士入学
・1972年　フリーライターで原稿執筆の傍ら、新宿ゴールデン街でバーを共同経営
・1974年　文藝春秋で「田中角栄研究」発表　10月雑誌発売、12月田中内閣総辞職
・1975年～1985年　「日本共産党研究」「中核VS革マル」「宇宙からの帰還」「脳死」

＜その後の主なテーマと著書＞

「サル学」「臨死体験」「精神と物質」「天皇と東大」「香月泰男の世界」「宇宙の謎」「がんと死」「戦争を語る」など多岐にわたり約100冊の本を書く

・1992年　ネコビル完成
・1995年　東大先端科学研究センター客員教授
・2010年　講演で長崎訪問
　長崎訪問は以後7回に＞原爆、被爆者、核廃絶、戦争と平和を語る
・2013年　長崎文献社イベント出演（「立花隆氏と『戦争と人間』を考える」）
・2015年　NHK・ETV特集
　「立花隆　次世代へのメッセージ～わが原点の広島・長崎から」出演
・2021年　4月30日死去（急性冠症候群）＞樹木葬（場所非公開）

長崎が生んだ「知の巨人」

立花隆 長崎を語る

追悼と鎮魂、そして人類

発行日	初版 2021年9月10日
編集	長崎文献社編集部
発行人	片山 仁志
編集人	堀 憲昭
発行所	株式会社 長崎文献社 〒850-0057 長崎市大黒町3−1　長崎交通産業ビル5階 TEL. 095-823-5247　FAX. 095-823-5252 ホームページ https://www.e-bunken.com
印刷所	オムロプリント株式会社

ISBN978-4-88851-366-1　C0036